W0330658

Angst, Mut und Selbstvertrauen

Wie Kinder ihre Ängste überwinden und Eltern ihr Selbstvertrauen fördern können.

Paul H. Suer

Paul H. Suer

Angst, Mut und Selbstvertrauen

Wie Kinder ihre Ängste überwinden und Eltern ihr Selbstvertrauen fördern können

1. Auflage 2019
© 2019 Paul H. Suer – Selbstverlag
Sonnenhöhe 2, 49179 Ostercappeln
https://www.paulsuer.de
Titelgestaltung: Patrick Reinemann
Coverfoto: © Evgeny Atamanenko | Shutterstock.com

ISBN Paperback: 9781704264325

Der Autor freut sich über Anregungen, Kritik und Vorschläge: angstbuch@paulsuer.de.

Alle Rechte vorbehalten, insbesondere das Recht der mechanischen, elektronischen oder fotografischen Vervielfältigung, der Einspeicherung und Verarbeitung in elektronischen Systemen, des Nachdrucks in Zeitschriften oder Zeitungen, des öffentlichen Vortrags, der Verfilmung oder Dramatisierung, der Übertragung durch Rundfunk, Fernsehen oder Video, auch einzelner Text- und Bildteile sowie Übersetzung in andere Sprachen. Änderungen, Satzfehler, Irrtum und Fortschreibung ausdrücklich vorbehalten.

Inhaltsverzeichnis

Was man zu verstehen gelernt hat,
fürchtet man nicht mehr.
– Marie Curie

Warum das Buch?

Die Angst ist eines der stärksten Gefühle, die wir empfinden können. Sie kann uns überfallen, sie kann uns beherrschen oder einengen. Sie kann uns beflügeln und Kraft geben. Und sie kann so groß werden, dass wir Hilfe brauchen. Doch sollten wir sie nicht verteufeln. Denn sie ist ja auch nützlich. Sie macht uns vorsichtig und schützt uns vor Gefahren.

Kinder haben im Grunde die gleichen Ängste wie Erwachsene. Nur sind ihre Themen etwas anders. Während wir uns vor Katastrophen, Unfällen, Verlusten oder Geldnöten fürchten, haben Kinder eher Angst vor Löwen, die unter ihrem Bett liegen, vor Monstern, die durch Wände gehen oder vor Außerirdischen, die sie bedrohen.

In diesem Buch erfahren Sie, welche Arten von Ängsten es gibt und was Eltern tun können, damit die Ängste der Kinder nicht übermächtig werden oder gar professioneller Hilfe bedürfen. Auf der anderen Seite finden Sie zahlreiche Tipps, wie Sie die Sicherheit und das Selbstvertrauen Ihrer Kinder stärken können.

Letztlich geht es darum, die Kinder auf ihrem Weg zu mutigen und selbstbewussten Persönlichkeiten zu begleiten, die zuversichtlich ihr Leben in die Hand nehmen.

Einleitung

"Wenn mich eine Biene sticht, gehe ich dann tot?"
"Können Geister durch Wände gehen?"

So oder ähnlich fragen unsere Kleinen, wenn sie sich fürchten. Besonders am Abend beginnen sie, den Tag fantasievoll zu verarbeiten. Als Erwachsene neigen wir dazu, die Ängste unserer Kinder nicht so ganz ernst zu nehmen. Nach einem anstrengenden Tag sind wir meistens froh, wenn wir endlich Ruhe haben. Ausgerechnet dann beginnen sie, uns etwas über gefährliche Wesen, gefräßige Löwen oder von Außerirdischen zu erzählen.

Kinder meinen es ernst, wenn sie uns von Bedrohungen berichten, vor denen sie sich fürchten. In ihrer überschäumenden Fantasie sind ihre Ängste wirklich und verdienen unsere volle Aufmerksamkeit. Indem sie ihre Angst mitteilen, geben sie uns zu verstehen, dass sie die Erlebnisse eines aufregenden Tages noch nicht verarbeitet haben und noch nach Antworten auf viele Fragen suchen.

Ein Zeichen von Vertrauen

Im Grunde sollten wir unseren Kindern dankbar sein, wenn sie uns von ihren Ängsten berichten. Sie geben uns damit wertvolle Hinweise, wie wir sie vor realen Gefahren und Bedrohungen schützen können. Wenn Kinder in stummer Angst verharren, fühlen sie sich manchmal allein gelassen und verlieren das Vertrauen zu den Eltern. Deshalb brauchen sie von uns Eltern quasi die Erlaubnis, Angst zu haben und sie zeigen zu dürfen.

Angst und Furcht sind tief in der menschlichen Natur verwurzelte Gefühle, die uns vor Gefahren schützen und uns helfen, Fehlentscheidungen zu vermeiden. Wir Eltern sind gefordert, damit unsere Kinder lernen, zwischen tatsächlichen Bedrohungen und ängstlichen Reaktionen auf eigentlich harmlose Ereignisse zu unterscheiden. Denn Kinder bis etwa zum Schulalter können noch nicht klar zwischen realen Ereignissen und Fantasiegebilden trennen.

Das wichtigste Mittel zur Überwindung von Angst und Furcht ist die Erfahrung von Sicherheit. Und die bekommen Kinder an erster Stelle durch ihre Eltern vermittelt. Voraussetzung ist aber, dass die

Eltern lernen, sich selber zu vertrauen. Auch darum geht es in diesem Buch.

Das Wesen der Angst

Wohl kaum ein Gefühl ist intensiver als das der Angst. Wenn wir reisen, fürchten wir uns davor, dass das Flugzeug abstürzt oder das Auto verunglückt. Wenn wir zu Hause sind, fürchten wir uns vor Einbrechern oder vor einem Brand. Wenn wir eine neue Arbeit aufnehmen, fürchten wir uns vielleicht vor dem neuen Chef oder den neuen Kolleginnen und Kollegen.

Und wenn wir auf einer Hochzeitsfeier eine Rede halten sollen, schlottern uns schon Wochen zuvor die Knie. Auf der anderen Seite machen wir uns große Sorgen, dass unseren Kindern etwas zustößt.

Die Quellen der Angst sind so vielfältig, dass es kaum möglich ist, sie alle aufzuzählen. Ihre Formen sind so verschieden wie die Menschen selber. Manchmal verselbständigen sich unsere Ängste. Das kann soweit führen, dass manche Menschen sich vor der Angst selber fürchten.

Jeder Mensch geht mit Angst und Furcht anders um. Manchmal vermeiden wir Situationen, die Angst hervorrufen könnten. Manchmal verstecken wir unsere Angst oder versuchen sie uns auszureden. Manchmal betäuben wir sie durch Medikamente oder Alkohol oder wir wehren sie gar aggressiv ab. Wie immer wir mit der Angst umgehen: Sie scheint allgegenwärtig und unlösbar mit unserem Lebensalltag verbunden zu sein.

Die Geschichte der Angst

Wenn wir auf die Geschichte der Menschheit zurückblicken, sehen wir, dass die Angst keineswegs eine Erfindung der Gegenwart ist. Unsere Vorfahren fürchteten sich vor Blitz und Donner, vor Mond- und Sonnenfinsternis, vor bösen Dämonen oder vor wilden Tieren. Die Menschen bedienten Rituale, Opferkulte und Zeremonien, um die Götter zu besänftigen.

Wenn wir die Ängste unserer Vorfahren mit unseren heutigen Ängsten vergleichen, sehen wir, dass die Angst dem Menschen durch die Jahrtausende treu geblieben ist. Nicht die Angst hat sich gewandelt, sondern nur die Quellen und Gefahren, vor denen wir uns fürchten.

Angst hat zwei Gesichter

Manchmal fragen wir uns, warum die Natur uns mit dieser belastenden Gabe ausgestattet hat. Tatsächlich hat sie eine wichtige Funktion. Die Angst ist lebens- und überlebenswichtig. Sie ist sozusagen der Motor des Lebens. Ohne Angst vor wilden Tieren, vor Naturgewalten, vor Krankheiten oder vor dem Alleinsein wäre die menschliche Art vielleicht schon ausgestorben.

Vielleicht denken Sie: Ja, früher mag das so gewesen sein. Doch heutzutage ist Angst so überflüssig wie ein Blinddarm, den wir erst dann beachten, wenn er sich entzündet hat. Das ist nicht richtig. Auch heute noch hat die Angst eine nützliche Funktion.

Sie erinnert uns täglich daran, wie gefährdet und verletzbar wir sind. Ohne Angst würden wir uns möglicherweise nicht gegen Einbrecher schützen. Vielleicht würden wir unserem neuen Chef den nötigen Respekt verweigern und bereits in der Probezeit entlassen werden.

Vielleicht würden wir unsere Kinder nicht davor warnen, zu Fremden ins Auto einzusteigen. Oder wir würden die Klimaveränderungen ignorieren, einen Zeckenbiss verharmlosen oder die Gefahren des Straßenverkehrs missachten.

Unabhängig davon, ob wir unsere Angst als Schwäche, als Warnsignal oder als Zeichen unserer Verletzbarkeit ansehen: Sie gehört zum Leben wie Wut und Trauer, wie Freude und Ärger.

Die Sprache der Angst

Es gibt kaum einen Gemütszustand, für den wir so zahlreiche Worte wie für die Angst haben. Wir sprechen von Angst, Furcht, Panik, Phobie und Schreck. Unsere Alltagssprache ist mitunter noch etwas drastischer: Wir reden von Bammel und von Muffe, von Horror und Heidenangst, von Entsetzen und Schauder.

Manchmal grausen wir uns vor etwas oder machen uns gar „vor Schiss" in die Hose. Insbesondere der letzte Begriff veranschaulicht die enge Verbindung zwischen unserem seelischen Empfinden und den dazugehörigen Körperreaktionen. Nicht nur Kinder haben "Schiss" vor einer Prüfung oder einer Klassenarbeit. Auch Erwachsene haben mitunter "die Hosen voll", wenn sie sich davor fürchten, dass sie bei einer Prüfung "durchfallen".

Es gibt viele Möglichkeiten, mit Angst umzugehen. Wir können flüchten, kämpfen oder uns tot stellen. Solange wir nichts dergleichen tun, befinden wir uns in einer Art Schwebezustand. Die Psychologie spricht von Ambivalenz, wenn wir zwischen mehreren Impulsen hin- und hergerissen sind und – zittern.

Angst entsteht dort, wo es "eng" wird und wir uns "bedrängt" fühlen. Kaum ein Laut unserer Sprache drückt das Gefühl der Enge besser aus als die Buchstabenfolge "ng", die aus dem lateinischen "angustus" abgeleitet ist. Wir hören förmlich, wie uns die Beklemmung die Kehle zuschnürt und es uns "Angst und Bange" wird. Sicher nicht zufällig sprechen wir von einer Angina, wenn wir eine beklemmende Rachenentzündung haben und von einer Angina pectoris, wenn es uns das Herz stockt.

Angst und Vernunft

Die folgende Geschichte von dem kleinen Julian mag uns verdeutlichen, dass Angst nur wenig mit Vernunft zu tun hat. Angst ist sozusagen unvernünftig.

Julian, der siebenjährige Sohn eines Ehepaares aus Münster ist ein prachtvoller Junge, der vor Lebendigkeit nur so sprüht. Sein Vater genießt es, den Sonnabend mit seinen zwei Söhnen im nahe gelegenen Spaßbad zu verbringen. In wenigen Tagen will Julian, der ältere Sohn, an der Schwimmprüfung teilnehmen. Für das Seepferdchen reicht seine Ausdauer mühelos aus – wenn da nicht der Kopfsprung vom "Einer" wäre.

Geduldig macht ihm sein Papi den Sprung wieder und wieder vor. Julian gibt sich große Mühe, es dem Vater nachzumachen. Doch im letzten Moment springt er dann doch mit den Füßen zuerst. Nach mehr als einer Stunde guten Zuredens, geduldigen Vormachens und zahlreicher Trockenübungen reißt dem Vater der Geduldsfaden.

Er versucht ihn bei seiner Ehre zu packen: "Nun stell' dich doch nicht so an, du bist doch kein Feigling." – "Aber wenn ich doch Angst habe..." verteidigt sich Julian. Enttäuscht wendet sich der Vater seiner Liege und dem Buch zu. Als der Vater nach zwanzig Minuten fast zufällig zum Sprungbrett aufschaut, sieht er, wie sein Sohn soeben zum neunten Kopfsprung ansetzt...

Julian ist weder ein Angsthase, noch ein Feigling oder gar ein Muttersöhnchen. Er ist nur vorsichtig. Vom Verstand her weiß er genau, wie es geht. Auch weiß er, dass der Sprung ungefährlich ist. Doch solange wie der ehrgeizige Papi seinem Sohn die Angst ausreden will, traut Julian sich nicht. Erst, als der Vater ihm ungewollt die Verantwortung für seine Angst an den Sohn zurückgibt, findet er den Mut, seine Angst zu überwinden. Inzwischen ist Julian dreizehn Jahre alt und springt regelmäßig und furchtlos vom Dreimeter- und manchmal sogar vom Fünfmeterturm.

Kinder- und Elternängste

Angst ist ein sehr umfangreiches Thema. Dabei unterscheidet sich die Angst Erwachsener nur wenig von der kindlichen Angst. Ihre Themen sind nur unterschiedlich. Für den Umgang mit der Angst ist es wichtig, dass wir Erwachsene zu unseren eigenen Ängsten stehen. Indem wir sie als Teil unserer Persönlichkeit akzeptieren, helfen wir unseren Kindern mehr, als wenn wir so tun, als ob wir angstfrei wären.

Was ist überhaupt Angst?

Jeder von uns kennt Situationen, die ihm Angst machen. Sie ist weder an ein Lebensalter gebunden, noch an eine bestimmte geschichtliche Epoche. Sie kommt in allen Kulturen vor und ist sogar den Tieren nicht fremd. Generationen von Forscherinnen und Forschern haben nach einer Erklärung für diese schwer zu begreifende menschliche Eigenschaft gesucht ohne je eine befriedigende Antwort gefunden zu haben. Etwas vorsichtig können wir die Angst etwa so verallgemeinern:

Angst ist ein in die Zukunft gerichtetes Gefühl des Bedrohtseins und der Verzweiflung, das bei allen Menschen auftritt. Sie zeigt uns, wenn wir vertrautes Gebiet verlassen und die Grenzen zu Neuem und Unbekanntem überschreiten. Sie ist Teil der menschlichen Natur und wir können sie mit dem Willen nur wenig beeinflussen. Sie äußert sich in körperlichen Symptomen, die von Herzklopfen, Atemnot, Schwindel, Schweißausbrüchen bis zu Harndrang und Durchfall reichen können.

Wenn ein Mensch Angst auslösende Situationen meidet, bleiben ihm möglicherweise wichtige Erfahrungen vorenthalten. Am liebsten möchten wir ihm – wie in dem Märchen – zurufen, er möge erst mal losziehen, um das Fürchten zu lernen.

Das Gegenteil von Angst

Manchmal verstehen wir die Dinge besser, wenn wir uns das Gegenteil vorstellen. Bei Begriffspaaren wie Freude und Trauer, bei Liebe und Hass und bei vielen anderen Gefühlen fällt es uns leicht, das Gegenteil zu nennen. Doch bei der Angst tun wir uns etwas schwer. Manchmal sagen wir gedankenlos zu unseren Kindern: "Hab' keine Angst!" Indem wir das Gegenteil beschwören, erhoffen wir uns, dass es eintritt.

Es ist eine Eigenart der menschlichen Seele, dass wir "Nicht-Botschaften" seelisch nicht verarbeiten können. Wenn Ihr Kind Angst vor dem Zahnarzt hat, werden Sie ihm vielleicht den gut gemeinten Rat geben: "Du musst jetzt ganz tapfer sein!" Ein solcher Satz ist auf den ersten Blick tatsächlich eine "Ja-Botschaft". Sie könnte für das Gegenteil von Angst stehen, denn Tapferkeit ist verwandt mit Mut. Und wer Mut hat, hat keine Angst. So können wir es in manchen Ratgeberbüchern nachlesen.

Stimmt das wirklich? Ich glaube eher, dass der Mut in der Angst enthalten ist. Wir handeln mutig, wenn wir trotz unserer Angst beherzt einschreiten. Angenommen, Sie beobachten eine Gruppe angetrunkener Jugendlicher dabei, wie sie ein ausländisches Mädchen belästigen. Trotz einer Heidenangst werden einige von Ihnen in einer solchen Situation all ihren Mut zusammennehmen und energisch eingreifen. Es sieht fast so aus, als wenn die Angst kein Gegenteil hätte. In diesem Sinne können wir allenfalls von Nicht-Angst oder von Angstfreiheit sprechen.

Bei genauerem Hinsehen fallen Ihnen sicher eine Reihe von Begriffen ein, die dem Zustand der Angstfreiheit entsprechen. Wenn wir Angst als eine Stimmung ansehen, in der wir aufgeregt und angespannt sind, so ist das Gegenteil mit Ruhe und Gelassenheit oder als Entspanntheit zu beschreiben.

Sehen wir bei der Angst eher die Seite, dass wir aus dem Gleichgewicht geraten sind und uns verunsichert fühlen, so können wir das Gegenteil mit Sicherheit und Selbstvertrauen ausdrücken. Angst hat aber auch etwas mit Enge und Beengtheit zu tun. Insofern können wir das Gegenteil von Angst mit Weite, vielleicht sogar mit Grenzenlosigkeit umschreiben. Nur am Rande sei erwähnt, dass der Wunsch nach "Entgrenzung" bei vielen Süchten eine Rolle spielt, sind doch im Zustand des Rausches beengende Ängste weitgehend aufgehoben.

Wir können uns der Angst aber auch von der körperlichen Seite annähern, indem wir unser Bedrohtsein als körperliches Unwohlsein erleben. Wir fühlen uns schwach und kraftlos, wenn wir vor Angst wie gelähmt sind. In diesem Sinne ist das Gegenteil von Angst Stärke, Körperbewusstheit und Kraft. Wenn wir stark sind, fühlen wir uns wohl in unserer Haut und spüren Kraft.

Existenzangst

Es gibt noch eine weitere Form der Angst, die ich bisher nicht erwähnt hatte. Es ist eine, die alle anderen Ängste überlagert. Sie ist uns kaum bewusst und doch vermischt sie sich immer mit der sogenannten Realangst. Reale Angst erleben wir als Furcht vor klar zu benennenden Dingen wie Feuer, Einbruch, Krankheiten, vor aggressiven Tieren und vielem mehr. Auch wenn wir das Gefühl nicht immer richtig beschreiben können, haben wir zumindest eine vage Vorstellung von unserer Angst. Anders bei der Existenzangst.

Die Existenzangst ist wohl die einzige Angst, die bei Kindern noch nicht eine so große Rolle spielt wie bei den Erwachsenen. Anscheinend sind sie noch viel zu sehr damit befasst, mit den realen Bedrohungen fertig zu werden. Da die Kinder zu einem guten Teil ihre Angst aber von uns Erwachsenen lernen, sind sie indirekt auch mit dieser Angstform befasst.

Die Quellen der Existenzangst können vielfältig sein: Weltangst als Angst vor der Freiheit und den grenzenlosen Möglichkeiten, Angst vor dem Nicht-Sein als Angst vor dem Tode, Angst vor dem Dasein als Angst vor den Herausforderungen des Lebens und viele mehr.

Angst in diesem philosophischen Sinne ist nicht an bestimmte Themen gebunden. Sie hat etwas damit zu tun, wie wir uns in der Welt sehen, in welcher Weise wir uns mit der Natur im Einklang befinden und welchen Sinn wir unserem Leben geben.

Anscheinend ist die Existenzangst das wichtigste Gefühl des Menschen überhaupt. Die Möglichkeit sich selbst und anderen Menschen zu vertrauen, hat hier ihre Wurzeln. Sich mit der Welt und der Natur im Einklang zu fühlen, ist eine wichtige Seite dieses grundlegenden Vertrauens. Geborgenheit,

Sicherheit und Selbstsicherheit speisen sich aus ihr.

Viele als gut und sozial bezeichnete menschliche Eigenschaften wären ohne die grundlegende Übereinstimmung mit der Welt undenkbar. Ob wir diese Übereinstimmung als kosmisches Gefühl, als Lebensphilosophie oder als Wertebewusstsein bezeichnen, ist unerheblich. Selbst die Fähigkeit der Menschen zur Liebe speist sich aus dieser Quelle. Nur, wenn wir uns selber lieben, können wir unsere Mitmenschen und insbesondere unsere Kinder lieben.

Furcht, Angst und Schrecken

Ihnen wird aufgefallen sein, dass ich Furcht und Angst fast synonym verwendet habe. Tatsächlich bemühen sich die Dichter und Denker seit Jahrhunderten vergeblich um eine einheitliche Definition. Ähnlich erging es den verwandten Begriffen wie Schrecken und Panik. In der psychologischen Literatur finden wir heutzutage folgende Unterscheidungen:

Angst: *Sie stellt eine Reaktion auf eine unbestimmte Gefahr oder Bedrohung dar. Neben tatsächlich beobachtbaren Quellen kann sie auch* *von vorgestellten, umgangssprachlich auch „eingebildet" genannten Bedrohungen herrühren.*

Furcht: *Unter Furcht verstehen wir das Gefühl des Bedrohtsein, das im Augenblick einer tatsächlichen Gefahr auftritt. So fürchten wir uns vor einem Einbruch, einem Unfall oder einem anderen unvorhersehbaren Ereignis.*

Schreck: *Im Gegensatz zur Furcht ist der Schreck eine sehr plötzlich einsetzende Reaktion auf ein unerwartetes Ereignis, das beispielsweise durch einen Knall oder durch einen Schlag ausgelöst werden kann.*

Panik: *Sie ist nach dem griechischen Hirtengott Pan benannt und beschreibt einen heftigen Schrecken, der einen Einzelnen oder eine Gruppe von Menschen befallen kann. Im ursprünglichen Sinne führt die gefährliche oder als gefährlich angesehene Situation dazu, dass die Menschen sich durch Flucht der Gefahr entziehen.*

Außer den aufgeführten kennen wir noch einige spezielle Angstformen wie die Phobie, die Angstneurose und die sogenannte frei flottierende Angst.

☺ Tipp: Selbstvertrauen fördern durch bedingungslose Liebe

Kinder brauchen unsere bedingungslose Liebe. Akzeptieren Sie sie so, wie sie sind. Sagen Sie Ihrem Kind sooft wie möglich, dass Sie es lieben. Stellen Sie keine Vergleiche mit Geschwistern oder anderen Kindern an. Nehmen Sie sich Zeit und schenken Sie Ihrem Kind Ihre volle Aufmerksamkeit. Wenn es Ihnen etwas mitteilen möchte, hören Sie genau zu. Fragen Sie Ihr Kind des Öfteren, wie es ihm geht und was es im Augenblick fühlt. Indem Sie Ihrem Kind wertschätzend begegnen, lernt es, auch sich selber als wertvoll zu empfinden.

Kindliche Ängste

Das Gefühl der Angst zählt zu den frühesten Erfahrungen unserer Kinder. Bereits in den ersten Lebensmonaten zeigen Babys Furchtreaktionen auf plötzliche Geräusche, Lichtveränderungen oder unerwartete Berührungen.

Die vollkommene Geborgenheit und Sicherheit, die das Kind im Mutterleib erfahren hat, geht mit der Geburt verloren. Der vertraute Pulsschlag der Mutter, die gleichbleibende Wärme, die Weichheit und die nahtlose Versorgung mit Nahrung – all´ das ist mit der Geburt vorbei.

Das Baby wird in eine Welt hineingeboren, in der grassliches Licht, frieren und schwitzen, laute Geräusche und quälender Hunger neue Erfahrungen sind. Es muss sich jetzt für seine Ernährung, für zärtliche Berührungen, für angenehme Temperaturen und vieles mehr anstrengen und sich auf seine Weise mit Schreien bemerkbar machen.

Aus anfänglichen Unlustgefühlen, wenn es sich vernachlässigt fühlt, entstehen erste dumpfe Ängste. Zwar spürt es, dass die Mutter seine kleinen Wünsche zuverlässig befriedigt. Zugleich lernt es aber, dass die Mutter nicht immer und nicht immer sofort zur Stelle ist.

Schon nach wenigen Monaten versteht das Baby den Unterschied zwischen dem bekannten Geruch, den Bewegungen und der Stimme der Mutter von denen anderer Menschen zu unterscheiden. In der Zeit vom siebten bis zehnten Lebensmonat zeigen viele Kinder heftige Furchtreaktionen, wenn der Opa, eine Freundin oder ein Verwandter es auf den Arm nehmen möchte.

Das für diese Zeit typische "Fremdeln" stellt eine erste erkennbare Angstreaktion dar, in der das Kleinkind wahrnimmt, dass es nicht mehr Teil der Mutter ist.

Sprachlose Angst

Wenn unsere Kinder etwas älter werden, aber noch nicht richtig sprechen können, leiden sie manchmal unter Ängsten, die wir nicht verstehen können, da die Kinder sie selbst nicht verstehen.

Kinder bis etwa drei Jahre haben keine Angst wie wir Erwachsenen, sondern sie sind in Angst. Sie fühlen Angst, ohne zu wissen, was mit ihnen geschieht. Lassen Sie mich das mit dem folgenden Beispiel verdeutlichen:

Marie robbt mit ihren vierzehn Monaten in atemberaubender Geschwindigkeit durch ihre kleine Welt, die sich zwischen Küchenschränken, Wohnzimmerregalen und Papis Arbeitszimmer befindet. Furchtlos räumt sie Schubladen aus, zieht dem Hund an den Ohren oder baut aus Papis Büchern kleine Häuschen.

Mit viel Geduld versuchen die Eltern Marie den Unterschied zwischen erlaubten und verbotenen Abenteuern zu vermitteln. Eines Tages telefoniert die Mutter entspannt mit ihrer besten Freundin, als sie einen gellenden Schrei aus dem Arbeitszimmer vernimmt.

Erschrocken stürzt sie an den Ort des Geschehens und findet Marie völlig aufgelöst vor, Auge in Auge mit einer schwarzen Porzellanmarionette, die an Papis Bücherregal hängt. Erst als die Mutter die Marionette in einer Schublade verschwinden lässt, beruhigt sich Marie allmählich.

Nicht immer sind die Quellen kindlicher Angst so leicht zu erkennen wie bei Marie. Die Mutter hat gefühlsmäßig das Richtige getan, indem sie die mit

Angst besetzte Marionette aus dem Blick des Kindes entfernt hat.

Für Marie ist das Verhalten der Mutter eine prägende Erfahrung. Sie hat gelernt, dass manche Dinge zwar bedrohlich sind, aber weniger Furcht machen, wenn ihnen ein liebevoller Mensch zur Seite steht. Das ist eine wichtige Voraussetzung dafür, dass sich die Angsterfahrung nicht verfestigt.

Angst um die Mutter

Fatal wäre es gewesen, wenn die Mutter die Tochter mit ihrem Schrecken alleingelassen hätte. Weil Kinder in diesem Alter ihre Sorgen noch nicht benennen können, können sie sich auch noch nicht selbst beruhigen. Wenn sie wiederholt in einer ähnlichen Situation allein gelassen werden, kann sich eine tiefsitzende Angst, beispielsweise vor fremdartigen Gegenständen, vor Figuren und auch vor Menschen festsetzen.

Manchmal kommt es zu einer so genannten frühkindlichen Generalisierung. Darunter versteht die Psychologie, dass sich Ängste nicht nur an einem Objekt festmachen, sondern sich auf viele Situationen ausdehnen. Das kann dazu führen, dass

Kinder sich nicht nur vor einem bestimmten Tier oder einer bestimmten Person erschrecken, sondern vor allen Situationen fürchten, die ähnlich erscheinen.

Weit schwerer, als eine isolierte Schreckreaktion, wie ich sie bei Marie beschrieben habe, kann sich die Sorge um den Verlust der Mutter oder des Vaters auswirken. Wenn Kinder nur wenige Male die Erfahrung machen mussten, dass sie in einer bedrohlichen Situation allein gelassen wurden, kann sich das auf das ganze Leben auswirken.

Je jünger ein Kind ist, umso schwerwiegender sind die Folgen, wenn es sich von der Mutter vernachlässigt fühlt. Manchmal führt die unbewusste Angst der Kinder, nicht ausreichend versorgt zu werden, zu sogenannten frühen Störungen. Aus der Psychotherapie mit Erwachsenen, die solche frühe Störungen aufweisen, wissen wir, dass ihre Behandlung recht schwierig ist.

Deshalb sind die frühkindlichen Erfahrungen mit der Angst maßgeblich dafür verantwortlich, wie das Kind im späteren Leben mit seinen eigenen Ängsten umgeht.

Denn in der Sorge um den Verlust der Mutter spiegelt sich immer auch die Angst vor dem Verlust der eigenen Existenz wieder.

Das Urvertrauen

Wissenschaftler streiten sich um die Frage, ob Kinder ein angeborenes Urvertrauen haben, das durch angstvolle Erfahrungen gestört wird oder ob die Angst erst durch leidvolle Erfahrungen gelernt wird. Möglicherweise handelt es sich um eine Wechselwirkung.

Unabhängig davon können wir davon ausgehen, dass Kinder sich bei Ihrer Geburt mit dem Rhythmus ihrer Mutter im Einklang befinden. Ob wir diesen Zustand Urvertrauen nennen oder von ursprünglicher Symbiose sprechen – einem Zustand des Einsseins mit der Mutter – ist unerheblich.

Mit der Geburt begreifen Kinder recht bald, dass sie nicht mehr Teil der Mutter sind, sondern ihren eigenen Lebensrhythmus finden müssen. Unsere Aufgabe als Eltern ist es, die Kinder auf ihrem langen Weg bis zur endgültigen Abnabelung behutsam, aber konsequent zu begleiten.

Kleine Persönlichkeiten

Noch bis in die 60er Jahre galten Kinder als charakterlich vorbestimmt. Seit etwa 1970 hielten viele Wissenschaftler die Kinder für ein unbeschriebenes Blatt, deren Entwicklung überwiegend durch äußere Einflüsse bestimmt wird.

Heute sind wir etwas nüchterner geworden und gehen eher davon aus, dass Kinder weder durch die Anlagen noch durch die Umwelt allein geprägt werden, sondern dass beide Seiten einen gewissen Einfluss haben. Die Forschung zeigt, dass Kinder durch viele Faktoren geprägt werden, die sich in einer bestimmten Weise miteinander mischen. Solche Einflussgrößen können sein:

Zigaretten- und Alkoholkonsum sowie Medikamentenmissbrauch während der Schwangerschaft.

Die Lebensweise der Mutter, insbesondere Ihr Schlafrhythmus, ihre Befindlichkeit und ihre Stimmungen.

Die Art der Geburt, insbesondere ob es normal oder durch Kaiserschnitt zur Welt gekommen ist.

Äußere Merkmale, das Temperament und viele persönliche Eigenschaften der Eltern.

Die Erfahrung von Sicherheit, Geborgenheit und Zuversicht.

All das macht Kinder zu einmaligen Persönlichkeiten, über deren Unterschiedlichkeit wir uns manchmal wundern. Dass diese Einflussgrößen recht unterschiedlich verteilt sind, zeigt das Beispiel von Beate M. aus Bochum:

Während die sechsjährige Tochter Vanessa vor Selbstsicherheit nur so strotzt, traut sich der vierjährige Lukas kaum vom Rockzipfel der Mutter weg. Beate fragt sich manchmal etwas ratlos, ob sie bei dem Jungen etwas falsch gemacht hat. Schließlich haben beide Kinder die gleichen Eltern. Und sie haben sich bei Beiden ähnlich verhalten.

Beate braucht sich keine Vorwürfe zu machen. Kinder sind nun mal sehr verschieden: Manche sind wahre Draufgänger, während andere sich vorsichtig an unbekannte Situationen herantasten. Ob ein Kind eine eher ängstliche oder eher forsche Persönlichkeit wird, hat sich schon vor der Geburt entschieden, auch wenn sich diese Grundstimmung im Laufe des Lebens durchaus noch ändern kann.

Angst wird erlernt

Eine erstaunliche Erkenntnis der modernen Lernpsychologie ist, dass viele Ängste erlernt werden. Das hat nichts mit dem Lernen in der Schule zu tun. Wir können das vielleicht damit vergleichen, wie wir lernen zu schwimmen oder Rad zu fahren. Dass Angst gelernt wird, möchte ich mit einem kleinen Beispiel verdeutlichen:

Die siebenjährige Anja geht jeden Morgen auf dem Weg zur Bushaltestelle an einem Bauernhof vorbei. Vor dem Haus liegt jeden Morgen ein großer schwarzer Hund vor seiner Hütte. Sobald sie sich dem Haus nähert, beginnt der Hund zu knurren. Dabei zerrt er so heftig an seiner Leine, dass sie zu zerreißen droht.

Weil Anja als Vierjährige von einem Hund gebissen wurde, hat sie Angst vor dem Tier. Sie ist sich sicher, dass der Hund gefährlich ist. Denn wenn er nicht gefährlich wäre, wäre er nicht festgemacht. Mit jedem Tag wird ihre Angst auf diese Weise größer. Schließlich wird sie so groß, dass sie sich nicht mehr allein zum Bus traut und die Mutter sie täglich begleiten muss.

Die Angst von Anja kann sich zu einer sogenannten Hundephobie verstärken. Wie ich noch zeigen werde, sind solche Phobien sehr belastend, zum Glück aber verhältnismäßig leicht zu behandeln.

Doch die vielleicht wichtigste Erkenntnis der Lerntheorie besteht darin, dass wir einmal gelernte Ängste auch wieder verlernen können. Jeder von uns kennt Kinder, die früher ängstlich waren, sich später aber zu mutigen kleinen Persönlichkeiten entwickelt haben.

Umgekehrt begegnen uns immer wieder Kinder, die früher mutig und selbstbewusst waren, die durch schreckliche Ereignisse aber später eher ängstlich wurden. Die Angst kann sich also verstärken, sie kann aber auch zurückgehen oder vollständig verschwinden.

Ich werde Ihnen in der zweiten Buchhälfte zeigen, wie Sie Ihr Kind dabei unterstützen können, wenn es eine solche Phobie entwickelt hat.

☺ Tipp: Selbstvertrauen fördern durch Ermutigung

Motivieren Sie Ihr Kind regelmäßig. Wenn es sich bestimmte Dinge noch nicht zutraut, ermutigen Sie es mit Sätzen wie: „Du kannst das. Du schaffst das. Ich vertraue dir.“ Trauen Sie ihrem Kind etwas zu, aber überfordern Sie es nicht. Wägen Sie mit ihm gemeinsam die Risiken ab. Sprechen Sie ihm Mut zu, selbst wenn es etwas noch nicht so gut hinbekommt.

Trennung und Abschied

Festhalten oder loslassen?

Besonders beim ersten Kind fühlen wir uns oft nicht so sicher, wie viel Führung es braucht. Wir sollten unseren Kindern vertrauen. Sie zeigen uns manchmal recht selbstbewusst, ob sie sich übermäßig behütet oder eher alleingelassen fühlen. Darum sollten wir auf ihre Signale achten.

Wenn wir sie übermäßig behüten, nehmen wir ihnen vielleicht einen Teil ihrer Angst. Zugleich nehmen wir ihnen die Chance, die Gefahren der Welt alleine herauszufinden. Doch lassen wir sie mit ihren Ängsten allein, fühlen sie sich möglicherweise überfordert. Wie so oft liegt der beste Weg in der Mitte.

Vielleicht kann ich das mit dem folgenden Beispiel vom vierjährigen Florian aus Siegen etwas verdeutlichen:

Flori, wie alle ihn nennen, scheint sich vor nichts in der Welt zu fürchten. In seiner charmanten Art spricht er auf dem Weg zum Kindergarten fast jeden Menschen im Dorf an. Keine Mauer und keine Treppe sind für ihn zu hoch für seine kleinen

Mutproben. Die Ermahnungen der Mutter erreichen ihn kaum.

Mit fünf Jahren geht Flori in Begleitung seiner zwei Spielgefährten die wenigen Meter zum Kindergarten alleine. Doch eines Tages kehrt der Sohn mit einer Platzwunde weinend aus dem Kindergarten heim. Flori war von der glatten Friedhofsmauer abgerutscht und auf den Bürgersteig gestürzt. Seit diesem Tag schaut er sich die Mauern sehr genau an, auf denen er spazieren geht.

Der Mutter ist kein Vorwurf zu machen. Sie hat ihren Sohn stets vor gefährlichen Dingen gewarnt. Vielleicht war Florians Unfall eine wichtige Notbremse vor allzu großem Selbstvertrauen. Ein selbstbewusstes Kind nimmt durch ein solches Erlebnis keinen größeren Schaden. Manchmal ist es nachher sogar leichter, mit dem Kind über die Gefahren des Alltags zu sprechen.

Trennungen und kleine Fluchten

Die meisten Eltern wünschen sich von ihren Sprösslingen, dass sie selbständig werden, auf andere Menschen zugehen und mutig die Welt erobern. Genau das wollen auch unsere Kinder. Oftmals sind sie aber zu ungeduldig, da sie die Gefahren noch nicht richtig einschätzen können. Aber Kellertreppen, Küchenmesser und glühende Herdplatten sind nun mal wenig geeignet, um Gefahren einschätzen zu lernen. Auf der anderen Seite ist es fast aussichtslos einem dreijährigen Kind erklären zu wollen, dass es besser nicht mit der Brotmaschine spielt.

Grenzübertritte

Viele Elternratgeber betonen immer wieder, dass Kinder klare Grenzen brauchen. Schön und gut. Aber in der manchmal etwas chaotischen Alltagswirklichkeit ist es nicht immer leicht, solche Grenzen einzuhalten. Im Übrigen bin ich der Meinung, dass Kinder erst durch Grenzüberschreitungen lernen, notwendige Grenzen einzuhalten. Kleine Beulen, schmerzhafte Wunden oder Schrammen haben mehr pädagogische Kraft als wortreiche Ermahnungen.

Insofern tragen kleine Grenzüberschreitungen dazu bei, die Welt zu verstehen. Hierzu zählen auch die kleinen Fluchten. Eine selbstgewählte vorübergehende Ablösung von der Mutter oder dem Vater ist eine aufregende Erfahrung. Mütter und Väter sollten ihren Kindern den Raum lassen, solche Erfahrungen zu machen und den folgenden Gedanken beherzigen:

Kinder brauchen die Erlaubnis, die Welt schrittweise immer genauer zu erforschen. Erst indem wir ihnen den Raum und das Vertrauen geben, ihre eigenen Erfahrungen zu machen, lernen sie, dass Sicherheit und Geborgenheit nicht allein von der räumlichen Nähe zu den Eltern abhängen.

Kleine Pannen

Doch nicht immer gehen die kleinen Fluchten störungsfrei ab. Angst wird nicht nur gelernt, sondern auch die Eltern können durch sie etwas dazulernen. Die Geschichte von Werner H. aus Osnabrück mag das verdeutlichen:

Der Familienvater liebt es, mit seiner fünfjährigen Marie und dem sechsjährigen Steffen sonntags auf dem Flohmarkt nach alten Sachen zu stöbern, während die Mutter sich bei einem schönen Buch von einer anstrengenden Woche ausruht.

An einem Stand mit Süßigkeiten lässt sich der Papi überreden, für die zwei Kleinen eine Tüte Süßigkeiten zu kaufen. Doch Marie möchte nicht teilen. Sie möchte eine Tüte für sich allein haben. Der

Vater bittet Marie, die Tüte zu halten, während er die Verkäuferin nach einer zweiten fragt, damit er die Süßigkeiten auf zwei Tüten verteilen kann.

Als er sich umdreht, steht nur noch Steffen da. Marie ist verschwunden. Verzweifelt sucht er mehr als eine halbe Stunde in dem dichtem Gewühl nach Marie, die wie vom Erdboden verschluckt scheint. Immer wieder geht er in zunehmender Panik die belebte Hauptstraße ab, die nur durch einen niedrigen Zaun von dem Gelände getrennt ist. Kalter Schweiß rinnt ihm von der Stirn, als er sich schließlich zu der Stelle begibt, wo er sein Auto abgestellt hat.

Schon von weitem erkennt er Marie an ihrem blonden Schopf und der roten Jacke. Dort steht sie, fast lässig ans Auto gelehnt. In der Hand hält sie die Fetzen der Tüte, die einmal prall gefüllt gewesen war. Beinahe vorwurfsvoll fragt sie den Vater: "Papi, wo bist du denn solange gewesen?"

Offensichtlich hat sie sich überlegt: Wenn ich Papi nicht finde, gehe ich zum Auto. Irgendwann muss er ja nach dorthin zurückkommen. Als alle wieder wohlbehalten im Auto sitzen, bemerkt der Vater, dass Marie etwas beklemmt ist. Anscheinend hat sie selbst auch ganz schöne Angst gehabt.

Trennungsängste

Für Marie ist es nicht sehr beunruhigend, wenn sie ein paar Stunden bei der Oma ist, sich im Kindergarten aufhält oder mal eine Zeitlang allein im Haus verbringt. Das sind Trennungen, von denen sie weiß, dass sie zeitlich begrenzt sind. Aber wenn ein Kind sich allein unter fremden Menschen aufhält ohne zu wissen, wann es die Eltern wiedersieht, ist das schon eine Herausforderung.

Da Marie aber immer wieder mal ausgebüxt ist, hat sie eine gewisse Erfahrung mit dem selbst verursachten Alleinsein. Nur so ist zu erklären, dass sie verhältnismäßig cool zum Auto zurückkehrt – für eine Fünfjährige eine erstaunlich reife Entscheidung.

Nicht alle Kinder gehen so souverän mit dem Alleinsein um. Und doch sind Trennungserlebnisse eine grundlegende Voraussetzung dafür, dass Kinder lernen, auf sich selbst zu vertrauen. Schließlich begleiten uns Trennungen ein Leben lang. Gleichwohl haben sie zwei Seiten. Einerseits bedeuten sie Befreiung von einengenden Fesseln, anderseits stehen sie für die Gefahr, allein auf der Welt zu sein.

Doch gerade im Erleben und Bewältigen von Trennungen liegt die Chance zu Wachstum und Reifung. Sie treibt sie uns an, Neues zu erproben, neue Menschen kennen zu lernen und uns aktiv mit der Welt auseinander zu setzen. So vielfältig Trennungssituationen auch sein können wiederholt sich das Grundthema immer wieder.

So kann die Abwesenheit der Mutter für ein Kleinkind schon nach wenigen Minuten eine schreckliche Erfahrung sein. Weil Kinder noch keine Vorstellung von Zeit und Dauer haben, können wenige Minuten eine Ewigkeit bedeuten.

Lebensabschnitte

Trennungen haben in jeder Altersstufe ihren besonderen Charakter. Kleinkinder nehmen frühestens zwischen dem zwölften und dem achtzehnten Lebensmonat eine Trennung wahr. Mit dem Krabbelalter beginnen erste kleine Ablösungen. Wenn ein Kind seine ersten selbstständigen Schritte auf eigenen Beinen tut, begreift es sich allmählich als eigenständiges Wesen, dem die Mutter nicht immer nahe ist.

Kleine Stürze und Verletzungen halten in dem Kind die manchmal schmerzhafte Erinnerung wach, wie zerbrechlich die mühsam erkämpfte Freiheit ist. Das Gefühl, die Welt zu kontrollieren, kann rasch in Enttäuschung umschlagen, in der sie sich schwach und hilflos fühlen. Je mehr Sicherheit und Ermutigung wir unseren Kindern in dieser Phase geben, umso selbstbewusster werden sie ihre ersten selbstständigen Schritte tun.

Bei jedem neuen Lebensabschnitt sind unsere Kinder immer wieder neu gefordert, Trennungen zu bewältigen. Ob es der erste Tag in der Kita ist, der Schulbeginn, ein Schulwechsel oder der Eintritt ins Berufsleben: immer heißt es sich aus vertrauter Umgebung zu verabschieden und neue Lebensräume zu betreten.

Während neue Lebensabschnitte von den meisten Kindern gut begonnen werden, können unvorhersehbare Trennungen sehr belastend sein. Der Tod eines nahestehenden Verwandten, die Trennung der Eltern, der Verlust eines Haustieres und vieles mehr können Kinder in eine schwere seelische Krise versetzten.

Damit ein solches Ereignis die Kinder nicht übermäßig traumatisiert, sollten wir sie frühzeitig und behutsam mit dem Gedanken vertraut machen, dass Verluste und Trennungen zum Leben dazugehören. Wenn sie solche Ereignisse als zwar schmerzhaft, aber unvermeidbar begreifen, werden sie besser mit solchen umgehen können.

Protest und Verzweiflung

Wir können unsere Kinder bei einem Verlust oder einer Trennung besser verstehen und unterstützen, wenn wir wissen, wie sie ein solches Ereignis erleben. Je nach Temperament und Persönlichkeit durchleben sie drei Phasen der Verarbeitung in unterschiedlicher Ausprägung. In dem folgenden Modell hat ein Kind seine Mutter verloren.

Protestphase: In der ersten Phase stellt das Kind verärgert und zugleich verängstigt fest, dass die Mutter es allein gelassen hat. Es versucht durch Schreien und Weinen die Mutter zurückzurufen. In den Pausen voller Erschöpfung ist es kaum ansprechbar oder zu trösten. Nach einer Weile versucht es durch erneutes Schreien die Mutter zurückzurufen.

Verzweiflungsphase: Wenn das Kind realisiert, dass sein Schreien nicht geeignet ist, die Mutter zurückzuholen, gibt es früher oder später den

Kampf auf. Es wirkt ruhiger, ist gefühlsmäßig wenig ansprechbar und scheint an seiner Umgebung nicht interessiert zu sein. Manche Kinder werden apathisch.

Eigenartigerweise lässt es sich in dieser Phase auf den Arm nehmen, trösten und beruhigen. Manchmal vermuten Beteiligte, dass das Kind sich mit der Trennung abgefunden hat und nun das Alleinsein akzeptiert. Tatsächlich empfindet das Kind in dieser Phase tiefe Verzweiflung und Trauer. In dieser Phase beginnt das Kind daran zu zweifeln, dass die Mutter jemals zurückkehrt.

Phase der Hoffnungslosigkeit: Wenn sich die ersten zwei Phasen mehrmals wiederholen, verfestigt sich in dem Kind die Gewissheit, dass die Verbindung zur Mutter gestört ist und sie möglicherweise für immer fortbleibt. Um sich vor erneuter Enttäuschung zu schützen, zeigt es selbst dann keine Freude, wenn die Mutter zurückkehrt. Nur widerwillig lässt es sich von ihr in den Arm nehmen und klammert sich manchmal an anderen Personen fest.

Kurze Trennungen

Jedes Kind geht anders mit Trennungen um. Wie beschrieben, sind gelegentliche kurzzeitige Trennungen nicht problematisch – es sei denn das Kind ist durch frühere Trennungserfahrungen belastet. Manche vorübergehende Trennungen sind auch nicht vermeidbar. Stellen Sie sich mal vor, es geht Ihnen wie Eva L. aus Bensheim:

Der fünfjährige Sohn Julian muss sich auf Anraten des Kinderarztes einer Operation an der Leiste in der Kinderklinik unterziehen. Weil der Vater, Bankkaufmann und in verantwortlicher Position, unabkömmlich ist, kommt er als Begleiter nicht in Betracht. Eva L. würde Julian gerne begleiten, hat aber ihre bettlägerige Tante Hilde und die Zwillinge zu versorgen.

Obwohl Eva guten Kontakt zu Julian hält und ein liebevolles Stationsteam sie unterstützt, hat sie ein schlechtes Gewissen.

Dazu gibt es aber keinen Anlass. Es ist sicher richtig, dass manche Kinder unter der Trennung durch einen Krankenhausaufenthalt leiden. Ob das Kind tatsächlich leidet oder gar Schaden nimmt, hängt aber von mehreren Faktoren ab. So können Kinder ab fünf Jahren kurzzeitige Trennungen schon ganz gut aushalten. Ein Kind kann gut mit einer Trennung umgehen, wenn folgende Bedingungen erfüllt sind:

Wenn es versteht, dass die Zeit begrenzt ist. Manchmal helfen kleine Hilfsmittel wie ein übersichtlicher Kalender, eine bunte Kinderuhr mit aufgemalten Besuchszeiten und eine Notruf-Handynummer für einsame Stunden.

Hilfreich ist auch, wenn das Kind sich der Sorge der Eltern gewiss ist. Wenn es die zuverlässige Erfahrung macht, dass die Mutter oder der Vater zu verabredeten Zeiten bei ihm ist, fällt es ihm leichter, das Alleinsein auszuhalten.

Auch kann es dem Kind guttun, wenn der Abschied jedes Mal in kleine Rituale eingebunden ist. Ein Abschiedslied, eine Schmuseminute, ein Gedicht oder ein Gebet können den Kindern Kraft und Zuversicht geben, insbesondere, wenn sie sich vor dem Alleinsein oder einer langen Nacht fürchten.

Wenn das Kind es altersbedingt verstehen kann, hilft auch die Zusicherung der Eltern, dass sie in Gedanken bei ihm sind. Wenn es gelingt, dem Kind den Krankenhausaufenthalt als einen hilfreichen Schritt zu mehr Selbständigkeit zu vermitteln, kann die Trennung sogar zu einer wichtigen Erfahrung werden.

☺ Tipp: Selbstvertrauen fördern durch Lob

Loben Sie Ihr Kind sooft, wie Sie es für angebracht ansehen. Loben Sie vor allem das Bemühen, nicht nur das Ergebnis. Wenn ein Bild oder ein Lied nicht so sehr gelungen ist, loben Sie seinen Einsatz. Aber setzten Sie Ihr Lob angemessen ein. Kinder spüren recht sensibel, ob ein Lob ehrlich gemeint ist. Reden Sie mit Ihrem Kind wie mit einem Freund, dem Sie etwas erklären.

Angst und Schlafstörungen

Gerade bei dem ersten Kind sind Eltern manchmal noch recht vorsichtig. So befürchten sie bei kleinen Schlafunregelmäßigkeiten bereits eine Schlafstörung. Mitunter entsteht das Problem erst dadurch, dass die jungen Eltern in an und für sich harmlosen Schlafunterbrechungen ein Problem sehen.

Manche Mütter und Väter fragen sich zu Unrecht, was sie nur falsch gemacht haben, wenn ausgerechnet ihr Kind nicht durchschläft. Dazu sollten Sie wissen, dass alle Kinder ein persönliches Schlafmuster bereits von der Geburt her mitbringen. Erst allmählich lernen sie den Unterschied zwischen Tag und Nacht zu verstehen.

Wenn ein Kind bis zum sechsten Lebensmonat regelmäßig nachts aufwacht, nach dem Fläschchen verlangt oder sich mit Blähungen quält, so sind das keine Schlafstörungen. Es sind Unterbrechungen des Schlafes, die für die Eltern zwar störend sein mögen, die im eigentlichen Sinne aber nicht als Schlafstörung zu bezeichnen sind. Damit möchte ich keineswegs beschönigen, dass Sie möglicherweise wochenlang wahre Horrornächte ertragen müssen.

Den Alltag neu ordnen

Wenn Sie mitten in einer solch schwierigen Zeit stecken, kann ich Ihnen zwar Mut zusprechen, jedoch nicht viel Hoffnung machen, dass es rasch vorbei ist. Für das erste halbe bis dreiviertel Jahr gibt es kaum ein Patentrezept, wie Sie diese Phase stressfrei überstehen. Es ist zweifellos die wohl anstrengendste Phase Ihres Elterndaseins.

Ihr Baby werden Sie nicht verändern können. Das folgt lediglich seinen angeborenen Impulsen. Das Schreien ist ja seine einzige Möglichkeit, seine Bedürfnisse zu äußern. Das Einzige, was Sie tun können, ist Ihre Einstellung zu den kindlichen Schlafunterbrechungen zu überprüfen.

So sollten Sie sich zumindest zeitweise von der Rolle der Supereltern verabschieden und versuchen, Ihre Energien für die angenehmen Seiten des Lebens zu bewahren. Vielleicht hilft es, wenn Sie sich den Unterschied zwischen Schlafunterbrechungen und Schlafstörungen vergegenwärtigen. Ich will es mal so ausdrücken:

Schlafstörungen beginnen dort, wo das Kind von seinem körperlichen Reifungsgrad her in der Lage sein sollte, entspannt einzuschlafen und bis zum Morgen durchzuschlafen. Wenn ihnen das noch nicht gelingt, sollten Sie nach den Ursachen suchen.

Es mag beruhigen, dass die meisten Schlafstörungen harmlos sind und durch einige einfache Maßnahmen behoben werden können. Dazu gibt es einige recht hilfreiche Ratgeber, die sich mit solchen eher leichten Schlafstörungen befassen. In diesem Abschnitt geht es aber um Schlafstörungen, die auf Angst und angstvolle Reaktionen zurückgehen. Und die spielen bei vielen Schlafstörungen eine wichtige Rolle.

Einschlafstörungen

Die häufigsten Schlafstörungen sind Einschlafstörungen, also Störungen, die damit zu tun haben, dass Kinder nicht einschlafen können. Bei diesen unterscheiden wir zwischen Zu-Bettgeh-Problemen und verzögertem Einschlafen.

Manche Kinder sind Meister darin, die Zeit auszudehnen, obwohl sie eigentlich ins Bett gehören. Fantasievoll erzählen sie von gemeinen Kerlen, von bösen Nachbarn, gefährlichen Insekten und von anderen Wesen, die ihnen Sorgen machen. Auf diese Weise gelingt es ihnen mühelos, uns den ersehnten Feierabend zu verkürzen.

Andere Kinder gehen brav ins Bett, tauchen aber nach kurzer Zeit mit mehr oder weniger dicken Krokodilstränen in der Wohnzimmertür auf. Wieder andere Kinder schlafen problemlos ein, wachen aber spät in der Nacht schreiend auf oder wandern im Hause umher. Die Störungen sind vielfältig. Um näher auf sie einzugehen, fehlt hier der Raum. Was aber viele Schlafstörungen verbindet, ist die dahinterliegende Angst:

Der Hauptgrund, wenn Kinder nicht ins Bett wollen, nicht einschlafen können und oftmals nachts aufwachen, ist die Angst vor dem Alleinsein, vor der Dunkelheit oder vor unzureichend verarbeiteten Tageserlebnissen.

Wenn Kinder nicht ins Bett wollen

Natürlich durchschauen wir, wenn Kinder ausgerechnet zu der Zu-Bettgeh-Zeit Magenschmerzen bekommen oder ihnen einfällt, dass sie das Meerschweinchen noch füttern müssen. Doch wenn sie müde und überreizt sind, ist es mitunter schwierig, sie mit vernünftigen Gründen von ihren anscheinend so wichtigen Aufgaben abzubringen.

Manchmal führen solche unterschiedlichen Auffassungen zu einem meistens wenig produktivem Machtkampf. Auf der anderen Seite besteht die Gefahr, dass wir bei einem Konflikt den Blick für die wirklichen Gründe der Verzögerungstaktik unserer Kinder übersehen.

Besonders Kinder im Vorschulalter fantasieren von Hexen, Monstern und anderen scheußlichen Gestalten. Es hat wenig Sinn, den Kleinen ihre Sorgen ausreden zu wollen. Kinder fühlen und denken anders als wir Erwachsene. Wenn Kinder von Monstern oder Außerirdischen berichten, sind nicht die Wesen die Ursache für ihre Angst. Eher ist umgekehrt. Denn:

Kinder, die von Monstern, Geistern und Horrorfiguren berichten, fürchten sich nur vordergründig vor solchen Fabelwesen. Tatsächlich symbolisieren diese Wesen ihre Ängste und Befürchtungen, die sie sprachlich aber noch nicht ausdrücken können.

Gleichwohl sollten wir die Ängste unserer Kinder durchaus ernstnehmen. Sie bilden sich die Gespenster oder Monster ja nicht ein. In ihrer Wahrnehmung sind sie wirklich und bedrohlich. Das hängt damit zusammen, dass Kinder im Vorschulalter über die Fähigkeit zu sogenanntem magischen Denken verfügen.

Magisches Denken

Kinder bis etwa fünf Jahre haben die wunderschöne, aber auch Angst erzeugende Fähigkeit zu magischem Denken. Sie sind fest davon überzeugt, dass sie durch ihre Gedanken die Welt verändern können. Sogar auch, dass die Welt für sie geschaffen wurde.

Sie geben Gegenständen Namen, sind davon überzeugt, dass ihr Goldhamster mit ihnen spricht und sie haben nicht den geringsten Zweifel daran, dass niemand sie sehen kann, wenn sie sich die Augen zuhalten. Manchmal glauben sie, dass sie fliegen können, fühlen sich so klein wie eine Ameise oder so groß wie ein Adler.

Sie hauchen den Gegenständen sozusagen eine Seele ein, fühlen sich unendlich stark und mächtig, um sich wenige Augenblicke später als klein und hilflos zu erleben. In dieser aufregenden Zeit sind Kinder begeisterte Zuhörer von abenteuerlichen Geschichten, von fantastischen Reiseberichten und von Märchen. Gerade letztere lieben Kinder besonders, sind sie doch voll versteckter Symbole, Verwünschungen und magischer Kräfte.

Am Abend, wenn es ruhiger und der Himmel dunkler wird, beginnen die Kinder den Tag auf ihre persönliche Weise zu verarbeiten. Die fantasierten Fabelwesen und Monster sind bei jedem Kind und in jeder Situation anders.

So unterschiedlich, wie Kinder fühlen und so vielfältig wie ihre Erlebnisse sind, so verschieden sind auch die Symbolfiguren für ihre Ängste. Dennoch sagen die Wesen nicht viel darüber aus, wovor das Kind sich tatsächlich fürchtet. Welche Bedeutung diese für das einzelne Kind haben, können Eltern letztlich nur in einem einfühlsamen Gespräch selber herausfinden.

Verzögertes Einschlafen

Beim verzögerten Einschlafen geht das Kind zwar problemlos zu Bett, hat aber Schwierigkeiten mit dem Einschlafen. Ob das verzögerte Einschlafen überhaupt eine Schlafstörung ist, darüber lässt sich streiten. Wichtiger ist, wie belastend die Eltern und die Kinder selbst die Verzögerung erleben.

Während Zu-Bettgeh-Probleme typisch für das Vorschulalter sind, tritt das verzögerte Einschlafen eher bei Kindern ab dem Schulalter auf. Während

Konflikte bei Zu-Bettgeh-Problemen vorwiegend im Wohn- und Badezimmer stattfinden, spielt sich das verzögerte Einschlafen eher im Schlafzimmer ab.

Kinder, die die Zeit bis zum Zu-Bett-Gehen ausdehnen, schlafen meistens ohne weitere Schwierigkeiten ein. Beim verzögerten Einschlafen ist es jedoch umgekehrt: Sie gehen zwar brav zu Bett, können dann aber nicht einschlafen.

Offensichtlich spielt bei den Einschlafstörungen eine frühe Prägung eine gewisse Rolle, da Kinder, die bereits als Babys Störungen im Schlaf-Wach-Rhythmus hatten, verstärkt betroffen sind.

Manchmal werden Einschlafstörungen durch häusliche Konflikte, Spannungen unter den Geschwistern, eine bevorstehende Trennung der Eltern oder durch Probleme in der Schule hervorgerufen.

In der Einsamkeit ihres Bettchens, besonders in fremder Umgebung, etwa bei einem Krankenhausaufenthalt oder auf Reisen fürchten sich viele Kinder vor dem Alleinsein und der fremden Umgebung. Ungewohnte Geräusche, Lichter, fremdartige Gerüche und vieles mehr werden als bedrohlich empfunden.

Angst ist tief in der menschlichen Natur verwurzelt und hat die merkwürdige Eigenschaft, dass sie den Schlaf verhindert. Das trifft für Erwachse wie auch für Kinder zu. Lassen Sie mich das so auf den Punkt bringen:

Im Zustand der Angst wird ein Hormon freigesetzt, das uns in die Lage versetzt, entweder zu kämpfen oder zu flüchten. Die damit einhergehende Alarmbereitschaft des Körpers verhindert aber, dass wir uns entspannen und einschlafen.

Spannungen und Konflikte

Um Ruhe und Entspannung zu finden, brauchen Kinder die Sicherheit, dass sie nicht allein gelassen werden. Denn die Ereignisse an sich sind für Kinder nicht beunruhigend, sondern die Gedanken darüber. Aus dem Grunde sollten wir als Eltern unseren Kindern bestehende Spannungen und Konflikte verständlich erklären.

Denn bestehende Konflikte gegenüber den KIndern zu verheimlichen, ist weder möglich noch sinnvoll. Sie haben sehr feine Antennen, wenn es darum geht, bedrohliche Spannungen und schwalende Konflikte zu spüren. Wenn wir ihnen die

Erklärung dafür vorenthalten, beziehen sie die Schwierigkeiten oftmals auf sich selbst. Schwere Schuldgefühle und zusätzliche Ängste können die Folge sein.

Es geht nicht darum, dass ein Kind beispielsweise alles darüber wissen muss, warum der Papi zu einer anderen Frau zieht. Es sollte aber alles wissen, was es braucht, um zu verstehen, dass es für die Konflikte der Erwachsenen nicht verantwortlich ist.

Bei anderen Schwierigkeiten, etwa bei Schulproblemen, bei Konflikten mit Freunden oder anderen Schwierigkeiten brauchen Kinder Lösungsangebote. Manchmal reicht es aus, wenn sie von einem Menschen, dem sie vertrauen, hören, dass sie bestimmte Dinge aushalten müssen.

In einem anderen Fall kann es hilfreich sein, wenn das Kind versteht, warum ein Mensch unfreundlich ist, auch wenn die Eltern keine Lösung anbieten können. Die wichtigste Erfahrung für Kinder aber ist die, dass sie einen Menschen haben, der sich Zeit nimmt und ihnen zuhört. Allein dadurch, dass sie ihre Sorgen ansprechen dürfen, verliert sich manchmal schon die Angst. Eine Angst, die sie vom Schlafen abhalten kann.

Angstattacken und Albträume

Angstattacken und Albträume zählen wir zu den sogenannten Durchschlafstörungen. Es sind also Störungen, die auftreten, wenn die Kinder schon eingeschlafen sind.

Wenn sie regelmäßig nach dem Einschlafen heftige Weinkrämpfe bekommen, verstört ins elterliche Bett kriechen oder nach dem Toilettengang nicht wieder einschlafen können, haben wir es mit einer Durchschlafstörung zu tun.

Auch wenn sie auf den ersten Blick ähnlich erscheinen, sind nächtliche Angstattacken von Albträumen klar zu unterscheiden. Eine Angstattacke oder auch Nachtschreck genannt, erleben viele Eltern als sehr bedrohlich, während sie nächtliche Albträume etwas besser einordnen können.

Da Kinder von ihren Eltern den Umgang mit Angst lernen, möchte ich auf diese Störung etwas ausführlicher eingehen. Denn gut informierte Eltern gehen angemessen damit um, wenn ihre Kinder unter solchen nächtlichen Störungen leiden.

Der Nachtschreck

Der Nachtschreck, auch pavor nocturnus genannt, geschieht sozusagen aus heiterem Himmel. Er tritt regelmäßig zwischen einer und vier Stunden nach dem Einschlafen auf. Er beginnt oftmals mit einem markerschütternden Schrei. Wenn die Eltern voller Sorge an das Bett des Kindes eilen, finden sie dort ein zutiefst erschrecktes und ängstliches Kind vor, das mit leerem Blick und manchmal stark schwitzend, unverständliche Worte stammelt. Manchmal schlägt das Kind heftig um sich oder scheint vor irgendetwas weglaufen zu wollen.

Auch wenn es so aussieht – das Kind ist nicht wach und lässt sich auch nur schwer aufwecken. In den meisten Fällen ist der Nachtschreck so plötzlich vorbei, wie er gekommen ist. Oftmals hält er nur wenige Minuten an; in seltenen Einzelfällen kann er allerdings bis zu dreißig Minuten andauern.

Alle Versuche, das Kind in seiner Not beruhigen zu wollen, sind aussichtslos. Wenn die Mutter oder der Vater das Kind auf den Arm nehmen wollen, sträubt es sich dagegen und wird weiter schreien. Auch wenn es sich herzlos anhört – Sie helfen ihrem Kind am besten, wenn sie es in seinem Bettchen lassen und es lediglich mit ein paar weichen Kissen vor Verletzungen schützen. Lassen Sie mich die wesentlichen Merkmale dieser Störung zusammenfassen:

Nächtliche Angstattacken sind keine seelische Störung und bedürfen bis zum Alter von etwa sieben Jahren keiner fachärztlichen Behandlung.

Ab dem siebten Lebensjahr sollten Sie dann fachärztlichen Rat in Anspruch nehmen, wenn Ihr Kind auch tagsüber verstört oder ängstlich wirkt.

Angstattacken treten etwa nach einer bis zu vier Stunden nach dem Einschlafen auf. Etwa fünf Prozent aller Kinder sind betroffen. Da sie in manchen Familien gehäuft vorkommen, deutet das darauf hin, dass sie vererbt werden.

Angstattacken sind nicht behandelbar und bedürfen im Allgemeinen auch keiner Behandlung. Sie beruhen auf einem Reifungsvorgang des Gehirns und verlieren sich etwa mit dem Schulalter, in Einzelfällen im Alter von etwa zwölf Jahren.

Während der Angstattacke können Sie für Ihr Kind weiter nichts tun, als es vor Verletzungen zu schützen und sich danach zu überzeugen, dass alles wieder in Ordnung ist.

Bis zum Schulalter steht der Nachtschreck in keinem erkennbaren Zusammenhang mit seelischen Belastungen des Alltags. Bei etwas älteren Kindern kann er allerdings ein Hinweis auf eine besondere Belastungssituation sein. Wenn Sie die Sorge haben, dass das der Fall ist, sollten Sie sich fachlichen Rat einholen. In wenigen Ausnahmefällen verordnet der Kinderarzt ein leichtes Beruhigungsmittel, das in vielen Fällen hilft.

Albträume

Im Gegensatz zum Nachtschreck haben nächtliche Ängste und Albträume durchaus mit vorangegangenen Ereignissen zu tun. Ich hatte in meinem Buch "Tschüss liebe Sonne – bis morgen" von Julian berichtet, der sich heftig darüber erschrocken hatte, dass sein Papi plötzlich in der Waschanalage verschwunden war. In dem Beispiel wird jene merkwürdige Mischung von Angst um sich selber und vor dem Verlust des Vaters deutlich. Doch lesen Sie selber:

Julian ist mit seinen fast vier Jahren ein gesundes und lebendiges Kind, das voller Tatendrang mit seinen Spielgefährten Buden baut, auf Bäume klettert und eine Menge kleiner Streiche ausheckt.

Er ist also alles andere als ein übermäßig ängstliches Kind.

Eines Tages fährt die Familie zu einer Autowaschanlage, in der man während der Reinigung im Auto sitzen bleiben kann. Da die Eltern sich nicht sicher sind, ob sie Julian das feuchte Abenteuer schon zumuten dürfen, bleibt die Mutter mit dem Kleinen vor der Waschstraße stehen, um dem Kind zu zeigen, dass der Papa unbeschadet aus dem Schacht wieder herauskommt.

Doch statt des erwarteten Lerneffektes reagiert Julian mit heftigen Weinkrämpfen. Er kann nicht begreifen, dass sein lieber Papi mitsamt Auto in dem zischenden und dampfenden Schacht verschwindet. Er klammert sich an die Mutter, der es nur mit Mühe gelingt, ihn zu beruhigen, nachdem der Papa unverletzt das Abenteuer überstanden hat.

Nach wenigen Minuten zeigt Julian sich genauso selbstbewusst wie zuvor und die Angelegenheit scheint ausgestanden. Doch beim Zubettgehen gibt es einige Schwierigkeiten: Erst zögert er das Waschen und Zähneputzen hinaus, dann "piekst die Matratze" und dann möchte er die Geschichte mit dem blinden Maulwurf gleich zweimal hören.

Nach über einer Stunde fallen ihm schließlich vor Müdigkeit die Augen zu.

Obwohl es den Eltern nicht entgangen war, dass Julian wegen des Vorfalls am Nachmittag nicht einschlafen konnte, haben sie ihn nicht darauf angesprochen. Sie hatten vereinbart, darauf zu warten, bis er selber davon spricht. Es hat in der Tat wenig Sinn, Kinder zur Einschlafzeit an belastende Erlebnisse zu erinnern oder klären zu wollen, ob Waschanalagen gefährlich oder harmlos sind. Warten Sie eine entspannte Situation am nächsten Tag ab, in der Sie in Ruhe mit Ihrem Kind über den Vorfall sprechen können.

Träume und Albträume treten in der Zeit des leichtesten Schlafes, dem sogenannten Traumschlaf, auf. Bereits bei zweijährigen Kindern können wir Albträume beobachten. Die meisten Albträume haben Kinder zwischen dem dritten und vierten Lebensjahr. Es ist die Zeit, in der sie sich intensiv mit ihrer Umgebung auseinandersetzen und uns mit "Wiesos" und "Warums" Löcher in den Bauch fragen.

Eltern geben Sicherheit

Ab dem 2. Lebensjahr beginnen viele Kinder zu sprechen. Diese Phase geht oftmals mit einer rasanten Entwicklung der Fantasie einher, die das Auftreten nächtlicher Albträume begünstigen kann. Hier ein paar Maßnahmen, die den Kindern helfen können, ihre Ängste zu überwinden:

Manchmal hilft ein Nachtlicht im Kinderzimmer oder eine halb geöffnete Tür. Vermeiden Sie nächtliche Krisengespräche. Hilfreicher sind bewährte Beruhigungsrituale und ganz besonders die Nähe zu den Eltern.

Versuchen Sie nicht, an die Vernunft ihrer Kinder zu appellieren. Wenn Kinder Angst haben, sind sie ihren Gefühlen ausgeliefert. Besser ist es, wenn Sie mit Ihrem Kind am nächsten Tag in aller Ruhe über seine Sorgen sprechen.

Erlauben Sie Ihrem Kind kleine Grenzüberschreitungen. Auch wenn es normalerweise im eigenen Zimmer schläft, sollte es auch mal zu Ihnen ins Bett kriechen dürfen.

Vermitteln Sie Ihrem Kind Geborgenheit und Sicherheit. Zeigen Sie ihm, dass Geister, Monster und Hexen Sie nicht beeindrucken können. Ihre

Stärke ist Ihre Ruhe, die sich bald auf Ihr Kind übertragen wird.

Nachtschreck und Albtraum im Vergleich

Was geschieht	Nachtschreck	Albtraum
Was sehen wir?	Beginnt meistens mit einem durchdringenden Schrei. Das Kind sitzt oder steht in seinem Bettchen, murmelt oder stammelt unverständliche Worte, fuchtelt mit den Armen und scheint vor irgendetwas weglaufen zu wollen. Puls und Atmung sind stark beschleunigt, häufig schwitzt es.	Das Kind weint und wirkt ängstlich, ist weniger in Bewegung, wirkt eher entspannt. Manchmal spricht es, Puls und Atmung sind leicht erhöht.
Wann tritt es auf?	Im Allgemeinen etwa ein bis vier Stunden nach dem Einschlafen. Das Kind wacht unvollständig aus dem Tiefschlaf auf.	Vorwiegend in der zweiten Hälfte der Nacht, wenn das Kind intensiv träumt. Das Kind wacht vollständig auf.
Wie reagiert das Kind auf die Eltern?	Es nimmt die Mutter oder den Vater nicht wahr, lässt sich nicht beruhigen und wehrt sich gegen körperliche Nähe.	Es reagiert auf die Mutter oder den Vater, lässt sich durch körperliche Nähe, streicheln und freundliche Worte beruhigen.

Was geschieht	Nachtschreck	Albtraum
Wie schläft das Kind wieder ein?	In der Regel schläft das Kind nach dem Nachtschreck sehr schnell wieder ein, da es nicht vollständig erwacht ist.	Nach dem bösen Traum schläft es wegen der Angst, die nach dem Aufwachen weiterbestehen kann, nur schwer wieder ein.
Was können die Eltern tun?	Während der Angstattacke sollten die Eltern das Kind vor Verletzungen schützen, es beobachten und abwarten, bis es sich beruhigt hat. Es hat wenig Sinn, das Kind am nächsten Morgen nach dem Vorfall zu befragen; es kann sich nicht erinnern.	Kinder brauchen jetzt viel Liebe und Nähe zu den Eltern. Geben Sie dem Kind so viel körperliche Geborgenheit und Wärme, wie es zulassen kann.

☺ Tipp: Selbstvertrauen fördern durch Vertrauen

Geben Sie Ihrem Kind kleine Aufgaben wie den Hund ausführen, einkaufen, oder im Haushalt helfen. Dadurch zeigen Sie ihm, dass sie ihm etwas zutrauen. Stärken Sie sein Selbstvertrauen, indem Sie eine gute Leistung hervorheben. Wenn etwas nicht so sehr gelungen ist, erklären Sie Ihrem Kind in einem freundlichen Ton, was es beim nächsten Mal anders machen kann. Bleiben

Sie gelassen, selbst wenn etwas schiefgeht. Machen Sie Ihrem Kind keine Vorwürfe, selbst wenn der klebrige Apfelsaft über den weißen Teppich läuft.

Natürlich dürfen Sie sich über Missgeschicke ärgern und ungeschicktes Verhalten beanstanden. Aber trennen Sie sorgfältig zwischen dem Verhalten Ihres Kindes und seiner Persönlichkeit. Es könnte sonst großen Schaden nehmen.

Alltagsängste und kindliche Sorgen

Manchmal sprechen wir etwas gedankenlos den Satz aus: Kleine Kinder – kleine Sorgen, große Kinder – große Sorgen. Wenn wir uns in die Perspektive unserer Kinder versetzen, hat dieser Gedanke durchaus eine gewisse Berechtigung.

Je älter die Kinder werden, umso mehr beginnen sie ihre eigenen Wege zu gehen. So ist der Beginn des Kindergartens eine bedeutsame Veränderung. Das Kind macht die Erfahrung, dass die Eltern es nicht immer schützen können. Manchmal vermisst es die vertraute häusliche Umgebung, die Nähe zur Mutter oder zu seinem Haustier.

Wenngleich die Anforderungen in der Kita noch spielerisch und die Erzieherinnen meistens recht geduldig sind, muss das Kind lernen, sich in der Gruppe durchzusetzen. Die Eltern dürfen noch nachsichtig sein, wenn es einmal nicht in den Kindergarten will. Mit dem Eintritt in die Schule ändert sich das. Jetzt hat das Kind nicht mehr die Wahl, ob es in die Schule will oder nicht. Zudem muss es sich mit älteren Schulkindern auseinandersetzen, darf nicht in der Klasse umherlaufen und muss still zuhören.

Manche Ängste aus der Vorschulzeit verlieren sich, während früher kaum wahrgenommene Ängste stärker hervortreten. So verliert sich allmählich die Angst vor Trennungen, während die Angst vor der Zukunft, vor anderen Menschen und vor dem Tod zunimmt. Je älter die Kinder, desto mehr sind die Eltern als Berater gefordert. Ihre Aufgabe wird es sein, den Kindern die Dinge zu erklären, ohne ihnen ihre Ängste ausreden zu wollen. Wenn wir Schulkinder fragen, wovor sie sich fürchten, bekommen wir eine Reihe von Antworten, von denen einige so lauten können:

Ich habe Angst, wenn

- ich in der Klasse etwas aufsagen muss
- ich zu langsam rechne oder schreibe
- die Lehrerin mich wegen meiner Schrift ermahnt
- ich ausgelacht werde, weil ich so ungelenkig bin
- ich von einigen Kinder ausgeschlossen werde.

Die Liste ließe sich mühelos um einige weitere Punkte ergänzen. Viele der Ängste größerer Kinder sind soziale Ängste. Darunter verstehen wir Befürchtungen, die mit dem Zusammenleben mit anderen Menschen zu tun haben.

Körperbezogene Ängste

Je kleiner die Kinder sind, umso weniger können sie die Vorgänge in ihrem Körper begreifen. Solange die Mutter für angenehme Körpergefühle sorgt, scheint die Welt noch in Ordnung. Doch mit der Entdeckung ihres Körpers beginnen sie sich manchmal vor harmlosen Dingen zu fürchten. Lassen Sie mich die siebenjährige Jana aus Hamm vorstellen:

Jana ist ein fantasievolles und lebendiges Mädchen, das mit unglaublicher Ausdauer, Mamas Garderobe als Kleiderkammer missbraucht, an Papas teurer Anlage rumspielt, auf der Spielstraße unumstrittene Königin ist und tanzend die Welt erobert. Wenn Sie abends erschöpft ins Bett fällt, zählt ihre Mutter regelmäßig die blauen Flecken, die sie sich am Tage zugezogen hat. Kleine Rangeleien, Fahrradstürze und Beulen nimmt sie gelassen hin.

Als sie neulich unbedingt der Mutter beim Salatschneiden hilft, passiert es: Jana rutscht mit dem Messer aus und schneidet sich kräftig in den Finger. Wortlos schaut sie sich die verletzte Hand an. Erst als ein dicker roter Blutstropfen rinnt, fleht sie die Mutter entsetzt an: "Mami, Mami, bitte hilf mir, ich verblute".

Jana ist durch die rote Farbe ihres Blutes so überrascht, dass sie fürchtet, sterben zu müssen. Zu dem Schmerz kommt bei Kindern die Angst, dass sie etwas verlieren, dass sie auslaufen oder für immer Schaden erleiden. Alle Eltern wissen von der wundersamen Wirkung eines bunt bedruckten Pflasters und dem Trost durch Mutter oder Vater.

Auch andere harmlose Körpervorgänge können Kinder tief beunruhigen. Manchmal erschrecken Kinder sich vor den eigenen Körperausscheidungen. Wenn ein Kind zum ersten Mal auf dem Töpfchen sitzt und feststellt, dass etwas Großes hervorkommt, kann es tief erschrecken und fürchten, dass es etwas von seinem Körper verliert.

Manche Kinder haben Angst vor dem Arztbesuch. Vielleicht erinnert es sich an eine unangenehme Untersuchung, an einen schrecklichen Film oder es hat herausgefunden, dass Menschen in einem weißen Kittel etwas mit Krankheit, Verletzungen oder gar mit dem Tode zu tun haben. Viele Kinderärzte verzichten aus dem Grund auf den weißen Kittel und gehen einfühlsam und humorvoll mit den Kleinen um.

Denn letztlich haben Kinder keine Angst vor dem weißen Kittel, sondern davor, was sie mit Menschen in weißer Berufskleidung verbinden. Als Eltern sollten wir ein realistisches Bild von den Ärzten, Zahnärzten und Menschen in Pflegeberufen abgeben. Wir sollten sie weder überhöhen noch Angst vor ihnen erzeugen.

Eltern, die ihren Kindern in guter Absicht nicht die Wahrheit über eine bevorstehende Behandlung oder Untersuchung erzählen, erreichen auf Dauer das Gegenteil. So wird ein Kind, das sich vor einer Spritze fürchtet, betrogen fühlen, wenn ihm erklärt wurde: "Das tut gar nicht weh!", obwohl es doch etwas weh getan hat. Angst ist die Furcht vor unbekannten Gefahren. Wenn ein Kind aber erlebt, dass die Eltern ihm nicht die Wahrheit sagen, fühlt es sich alleingelassen. Die Angst, dass es beim nächsten Mal noch schlimmer kommt, kann sich dadurch verstärken.

Aus dem Grund ist es wichtig, dem Kind einen notwendigen Eingriff in Ruhe und anschaulich zu erklären. Schon die Wortwahl kann dazu beitragen, ihnen einen Teil seiner Angst zu nehmen. Es ist ja nicht gelogen, wenn Sie Ihrem Kind erklären, dass es einen kleinen Pieks bekommt, statt ihm zu sagen: "Du bekommst heute eine Spritze". Bei einem eher ängstlichen Kind kann es sinnvoll sein, bestimmte Reizwörter zu umgehen und dem Kind zu beschreiben, was der Arzt mit ihm tut. Je mehr ein Kind über einen bevorstehenden Eingriff weiß, umso selbstverständlicher lässt es sich auf eine Behandlung ein. Erklären Sie ihm auch, was passieren kann, wenn es nicht behandelt wird.

Doch zwingen Sie Ihr Kind nicht, etwas mit sich machen zu lassen, was ihm heftige Angst bereitet. Bis auf wenige Ausnahmen ist keine Untersuchung wichtiger als das seelische Wohlbefinden Ihres Kindes. Erkundigen Sie sich nach einem Kinderarzt, der auch mal verantwortungsvoll erklärt: "Nicht heute – vielleicht beim nächsten Mal." Das ist kein Zurückweichen vor der Angst, sondern eine vernünftige Abwägung zwischen dem, was dem Kind hilft und was ihm schadet.

Angst vorm Zahnarzt

Ein besonders kritisches Thema ist in vielen Familien der Besuch beim Zahnarzt. So mancher Ehestreit spielt sich um den Zahnarzttermin ab. Während die Mutter aus Sorge um die seelische Gesundheit des Kindes eher den Zahnarztbesuch herauszögert, mag der Vater vielleicht darauf bestehen, dass der faule Milchzahn möglichst sofort behandelt wird.

Vielleicht stimmen Sie mit vielen Zahnärzten überein, die eine Behandlung von Milchzähnen in den meisten Fällen für überflüssig ansehen, da sie ohnehin ausfallen. Unabhängig davon spüren Kinder aber die elterlichen Auseinandersetzungen sehr wohl, selbst wenn sie den Streit nicht miterleben.

Dabei sind die meisten Zahnärzte recht geschickt im Umgang mit Menschen, die sich fürchten. Manche Zahnärzte verfügen über eine spezielle Ausbildung in Hypnose, unter der sie sogar schmerzfrei Zähne entfernen können.

Auch hier spielt die Wortwahl eine besondere Rolle. Vielleicht erklärt er dem Kind, das sich vor der Spritze fürchtet, dass der Doktor den Zahn eine Weile in den Schlaf legt. Eine einfache Möglichkeit, Ängste gar nicht erst aufkommen zu lassen, ist der gelegentliche Besuch beim Zahnarzt, ohne dass es etwas zu behandeln gibt. Wenn das Kind ab und zu im Behandlungsstuhl sitzen darf und der Arzt die Zähne für gesund erachtet, ist der erste "ernsthafte" Zahnarztbesuch schon halb überstanden.

Angst vor Naturereignissen

Je nach ihren persönlichen Erfahrungen fürchten sich Kinder vor zahlreichen Bedrohungen und Gefahren. Ob diese Gefahren tatsächlich bestehen oder ihrer Fantasie entspringen, ist unerheblich. Aus der Perspektive eines Kindes sieht der schwarze Hund des Nachbarn beispielsweise nicht nur gefährlich aus, sondern er ist tatsächlich gefährlich.

Und die Blitze eines Gewitters mögen in ihrer Fantasie nicht nur Lichteffekte sein, denen ein schrecklicher Lärm folgt, sondern die Blitze erscheinen ihnen wie unheimliche Strahlen, die sie durchbohren und töten werden.

Gerade Gewitter sind gut geeignet, Kindern den Unterschied zwischen echten Gefahren und letztlich aber harmlosen Ereignissen zu vermitteln. Wie die Familie Heidemann aus Nürnberg zeigt, kann ein Gewitter zu einem ganz besonderen Erlebnis werden:

Wenn ein Gewitter aufkommt, versammelt sich die Familie in der Küche. Selbst das Meerschweinchen und der Hund müssen mit. Die Mutter erklärt ihren Kindern, dass Blitze im Hause ungefährlich sind und dass Blitz und Donner miteinander befreundet sind.

Der Vater fügt hinzu, dass der Blitz gleichzeitig mit dem Donner entsteht. Weil der Schall sich aber langsamer als das Licht bewegt, kommt der Blitz zuerst an. Und dann geht das Spiel los: Jeder Blitz wird mit einem lauten "Oh" begrüßt, als wenn der Himmel nur für Familie Heidemann dieses wunderbare Feuerwerk veranstalten würde.

Sobald der Lichtblitz vorbei ist, zählen alle Familienmitglieder laut: einundzwanzig-zweiundzwanzig-dreiundzwanzig. Der neunjährige Torben hat in der Schule gelernt, dass der Schall in drei Sekunden einen Kilometer zurücklegt und die elfjährige Alexandra kann sogar schon ausrechnen, wie weit das Gewitter entfernt ist. Während die Familie gemütlich zusammensitzt, erzählen die Eltern Geschichten aus ihrem Leben und was sie schon alles im Gewitter erlebt haben.

So wird das Naturschauspiel zu einem schönen Erlebnis und die Kinder lernen nebenbei, dass furchterregende Ereignisse halb so schlimm sind, wenn sie im sicheren Haus sitzen und die Eltern ihnen erklären, was da vor sich geht.

Traumatisches Erleben

Kinder, die in einen Autounfall verwickelt waren oder eine andere Katastrophe erlebt haben, tragen ihre Angst, dass so etwas noch einmal passiert, lange Zeit mit sich herum. Obwohl das Ereignis manchmal Jahre zurückliegt, treten die Angstgefühle immer wieder hervor. Nicht selten beschreiben sie das Gefühl so, als wenn sie ständig auf der Lauer liegen.

Die Erinnerung an das Ereignis kommt oftmals plötzlich und panikartig und oft gerade dann, wenn es am meisten stört. Manche Kinder bekommen aus heiterem Himmel Atemnot, Kopfschmerzen, panikartige Zustände, Schweißausbrüche und vieles mehr. Sie fühlen sich, als wenn sie das Trauma eben erst erlebt hätten. Oft sind sie schreckhaft, haben keinen Appetit oder können nicht schlafen.

Unglücklicherweise tauchen solche Flashbacks manchmal gerade dann auf, wenn das Kind etwas Angenehmes erlebt und gar nicht an das Ereignis denkt. Das hindert sie daran, schöne Dinge zu genießen, weil sie befürchten müssen, dass erneut eine solche Panikattacke auftritt. Eine regelrechte Angst vor der Erinnerung kann die Folge sein.

Hierzu sollten Sie ihrem Kind erklären:

Kinder, die Opfer schwerer Unfälle, Katastrophen oder Übergriffe geworden sind, sind immer in der Gefahr, dass sie von ihrer Angst wieder eingeholt werden. Es reicht nicht aus, wenn sie die Situation nur vergessen und nicht mehr an sie denken wollen.

Deshalb braucht ein betroffenes Kind viel Geduld und Aufmerksamkeit, damit es lernt mit seiner Angst zu leben. Es empfiehlt sich, in einer solchen Situation fachliche Hilfe bei einem Psychologen, einer Kinderärztin oder einer Erziehungsberatungsstelle in Anspruch zu nehmen. Unabhängig davon bedarf das Kind der liebevollen Unterstützung durch Eltern und Angehörige. In weniger gravierenden Fällen können einige einfache Maßnahmen helfen, die Angst zu mindern. Hier ein paar Anregungen:

1. Legen Sie bestimmte Zeiten und einen von dem Kind ausgewählten Ort fest, an dem Sie immer wieder in Ruhe mit ihm über das Erlebte sprechen.
2. Lassen Sie ihrem Kind viel Zeit, seine Empfindungen selbstständig zu formulieren. Verwenden Sie Bilder, Geschichten und kleine Rituale, die dem Kind vertraut sind.

3. Führen Sie die Gespräche nicht länger, als das Kind bereit ist mitzugehen. Lassen Sie ablenkende Beschäftigungen wie Malen, mit einem Würfel spielen oder Ähnliches zu.

4. Fügen Sie kleine Entspannungsübungen ein oder erfinden Sie Geschichten, in denen andere Kinder etwas Ähnliches erlebt haben und immer besser damit fertig wurden.

5. Je besser das Kind mit allen Seiten des Themas vertraut ist, umso weniger Zeit brauchen Sie sich mit dem Ereignis selbst befassen.

6. Deuten Sie die Katastrophe um, in dem Sie dem Kind erklären, dass es trotz des Ereignisses noch Glück gehabt hat.

Wie ich später zeigen werde, gibt es einige einfache Entspannungstechniken, die das Kind dabei unterstützen, mit einem schlimmen Erlebnis besser umzugehen.

Angst vor Krieg und Katastrophen

In den letzten Jahren beobachten wir, dass die Medien immer näher an Ereignisse herangehen. Nicht nur die privaten Sender, auch die öffentlichen Anstalten zeigen immer häufiger Einzelheiten über menschliche Schicksale. Inzwischen sehen wir selbst in der Tagesschau sterbende Menschen, verkohlte Leichen vor Flugzeugwracks und andere menschliche Leiden. Fast haben wir uns an die zunehmende Umweltverschmutzung, an Reaktorunfälle und an Selbstmordattentate gewöhnt.

An den Katastrophen können wir nichts ändern. Auch nicht, dass sie bis in die Kinderzimmer herüberschwappen. Trotzdem müssen wir nicht tatenlos zuschauen, wenn Kinder über unbestimmte, unerklärliche Ängste berichten und sich mit Bauchschmerzen, Herzrasen und Atemnot in ihr Zimmer zurückziehen. Auch wenn wir nicht jedes Ereignis erklären können, sollten wir unseren Kindern Wege zeigen, wie sie sich davor schützen können, dass die Ereignisse sie nicht überfordern. Hierzu einige Anregungen:

Die Medien berichten über Katastrophen und Kriege aus der ganzen Welt. Erklären Sie Ihrem Kind, dass die Ereignisse oft sehr weit weg sind und meistens nur einige wenige Menschen betreffen.

Bestärken Sie Ihr Kind in dem Gefühl, dass es keine Verantwortung dafür trägt, wenn schlimme Dinge geschehen.

Versuchen Sie, die Ereignisse in Zusammenhängen darzustellen. Kriege, Unfälle und die Verschmutzung der Umwelt passieren nicht zufällig, sondern haben Gründe.

Unterstützen Sie ihr Kind, wenn es sich von schrecklichen Ereignissen abschirmen möchte. Auch wenn es Ihnen schwerfällt, schützen Sie Ihre Kinder vor medialer Überflutung.

Umweltschutz beginnt im Alltag. Aktives Handeln kann dazu beitragen, dass die Angst kleiner wird. Vielleicht legen Sie gemeinsam mit dem Kind einen Komposthaufen an, befreien ein Waldstück vom Wohlstandsmüll oder bauen einen Sonnenkollektor.

Es gibt viele Möglichkeiten, etwas zu tun. Das Wichtigste ist aber das Gespräch. Viele Dinge verlieren ihren Schrecken, wenn Kinder verstehen können, was und warum etwas geschieht.

Angst vor dem Tod

Besonders die kleineren Kinder können noch nicht so richtig begreifen, wenn wir ihnen erklären wollen, dass jedes Leben einmal endet. Sie haben die beglückende Fähigkeit, im Hier und Jetzt zu leben. Das hindert sie daran, in die Zukunft und über ihren Alltag hinaus zu denken. Das ist gut für ihre Entwicklung, denn sie lernen immer nur das hinzu, was sie gerade verstehen können.

Ihre erste Begegnung mit dem Tode erleben sie vielleicht dann, wenn ein Vogelbaby aus dem Nest gefallen ist, wenn sie ein totes Insekt finden oder wenn ein Haustier gestorben ist. Für die Eltern ist das eine gute Gelegenheit, mit ihren Kindern über die Endlichkeit des Lebens zu sprechen.

Insbesondere der Tod eines nahestehenden Menschen stellt für ein Kind eine große Belastung dar. Wenn es schon etwas über den Tod weiß, kann es etwas gelassener damit umgehen. Der Schmerz um den Verlust eines wichtigen Menschen ist für ein Kind schon schlimm genug. Es sollte sich nicht noch zusätzlich mit der Frage quälen müssen, warum ein geliebter Mensch oder ein Haustier überhaupt sterben muss.

Wenn Kinder vom Tod eines geliebten Menschen überrascht werden und die Eltern mit ihrem eigenen Schmerz belastet sind, kann sich das Kind alleingelassen fühlen. Da ihm niemand in dieser Situation genau erklärt, was geschehen ist, kann es sich Vorwürfe machen. Manchmal glauben sie, dass sie in irgendeiner Weise für den Tod des Angehörigen verantwortlich sind. In der Folge kann es dazu kommen, dass das Kind eine tiefsitzende Angst vor dem Tode entwickelt und keine richtige Lebensfreude mehr empfindet.

Wenn wichtige Menschen sterben, stehen nicht nur Kinder vor der schweren Aufgabe, sich von Menschen zu verabschieden, von denen sie sich nicht verabschieden wollen. Wie sollen Kinder begreifen, was geschehen ist, wenn ein geliebter Mensch viele Wochen im Krankenhaus ist und dann plötzlich auf dem Friedhof unter der Erde liegt? Wie kommt er dahin? Und wie kann er gleichzeitig im Himmel sein?

Zeigen Sie etwas mehr Mut, wenn es um das Sterben geht. Das Kind muss ja nicht in der Todesnacht dabei sein. Aber warum sollten Kinder den lieben Verwandten nicht wenige Tage vorher, wenn er schon sehr schwach ist, nicht sehen dürfen. Eine letzte Begegnung mit dem Enkelkind kann es auch dem Sterbenden leichter machen, sich vom Leben zu verabschieden.

Verlust eines Elternteils

Wenn die Mutter oder der Vater eines Kindes verunglücken oder früh versterben, kann das eine tiefe Traumatisierung herbeiführen. Die Belastung kann so erheblich sein, dass fachliche Hilfe erforderlich wird. Neben dem schrecklichen Gefühl, mit den Überlebenden allein auf der Welt zu sein, brauchen Kinder sehr viel Zeit und Liebe, um den jähen Tod einer wichtigen Person zu begreifen.

Lassen Sie den verstorbenen Menschen eine Weile in der Fantasie Ihrer Kinder weiterleben. Wenn der Angehörige verstorben ist, gehen Sie sooft wie möglich zu seinem Grabe. Sprechen Sie gemeinsam mit Ihrem Kind so, als wenn er noch lebt. Sagen Sie ihm, was sie ihm noch alles sagen wollten und bedanken Sie sich für alles, was er für Sie und Ihr Kind getan hat. Regelmäßig wiederholte Rituale wie diese, sind eine gute Möglichkeit, sich allmählich von dem geliebten Menschen abzulösen. Doch lassen Sie bei alledem keinen Zweifel daran, dass es ein Abschied für immer ist. Zugleich sollten Sie dem Kind vermitteln, dass das Leben dennoch weitergeht.

☺ Tipp: Selbstvertrauen fördern durch Vorbilder

Kinder orientieren sich an Vorbildern. Selbst, wenn es Ihnen selber manchmal schwerfällt, sich durchzusetzen, leben Sie Ihrem Kind Selbstvertrauen vor. Wenn ein „freches“ Kind beispielsweise Ihrem Sohn den Bagger weggenommen hat, erklären Sie diesem, dass das so nicht geht. Vielleicht schlagen Sie den Streithähnen vor, dass die Kinder abwechselnd oder gemeinsam mit dem Bagger spielen können oder ähnliches.

Durch dieses Vorgehen beweisen Sie Mut und zeigen Ihrem Kind, dass es ein Recht hat, sich zu wehren. Selbst wenn der Protest Ihres Kindes wirkungslos bleibt, hat es die Möglichkeit kennengelernt, seine Ansprüche mutig einzufordern.

Soziale Angst und Sicherheit

Wenn aus Kindern junge Leute werden

Die Liste der Ängste, die Kinder als Einzelne betreffen, ist damit noch lange nicht beendet. So könnte ich auf die Angst vor Dunkelheit, auf die Angst vor Spinnen, auf die Angst vor Krankheiten und etliche weitere eingehen. Einige sind so persönlich, dass wir keinen Namen für sie haben.

So fürchten sich manche Kinder vor Hagel, vor Brücken, vorm Autofahren und vielem mehr. Letztlich sind sie alle nur Variationen eines großen Themas, das mit der Furcht vor unbekannten und beunruhigenden Dingen zusammenhängt. Vielleicht konnte ich Ihnen den einen oder anderen Tipp geben, wie Sie Ihr Kind vor alltäglichen Ängsten bewahren können. Doch hier möchte ich zu etwas anderem überleiten.

Bislang war nur die Rede davon, dass Kinder sich vor bestimmten konkreten Gefahren und Bedrohungen fürchten. Nur gelegentlich war von zwischenmenschlichen Beziehungen die Rede. Solche Ängste werden soziale Ängste genannt. Wenn Kinder allmählich erwachsen werden, treten solche sozialen Ängste stärker in den Vordergrund. Ich möchte es einmal so ausdrücken:

Soziale Ängste sind Ängste, die uns Menschen im Zusammenleben betreffen. Je mehr die Kinder sich aus der vertrauten Umgebung ihres Elternhauses ablösen, umso mehr sind sie darauf angewiesen, ihren Platz im Zusammenleben mit anderen Menschen zu finden. Bis Heranwachsende wie Erwachsene fühlen und handeln, sind sie zahlreichen Belastungen und emotionalen Bedrohungen ausgesetzt.

Von allen Lebensabschnitten ist die Zeitspanne von der Vorpubertät bis zum Erwachsenenalter die stürmischste und aufregendste, die wir in unserem ganzen Leben erfahren. Zahlreiche Ängste, die sie als kleine Kinder nicht kannten, können heranwachsende junge Menschen mitunter erheblich belasten.

Viele ihrer Ängste sind fragende Ängste: Wer bin ich? Wie wirke ich auf andere? Wie sehe ich aus? Werde ich geliebt? Lehnen mich die Leute wegen meiner Pickel ab? Und viele Ängste mehr. Die Angst vieler junger Menschen spielt sich weniger im eigenen Kopf als im Kontakt zu anderen Menschen ab. Bei Jungen zielen die Fragen und Sorgen deutlich in die Richtung, wie sie auf ihre Mitschüler, die Freunde – und vor allem – wie sie auf Mädchen wirken.

Mädchen durchleben diese Phase vielleicht etwas selbstbewusster und äußerlich weniger dramatisch. Ihre Ängste sind zwar genauso heftig, doch liegen die Schwerpunkte oftmals etwas anders. Neben der Sorge um ihre Außenwirkung beschäftigen sie sich oftmals mit ihrer späteren Rolle im Spannungsfeld von Beruf und Mutterschaft.

Jugendliche Ängste

Eine Form von sozialer Angst junger Menschen beruht auf der Sehnsucht nach Anerkennung und Zugehörigkeit. Nicht selten üben Freunde und Mitschüler einen erheblichen Druck aus, indem sie jegliche Abweichung von den Regeln und Normen der Gruppe streng überwachen.

Gerade junge Menschen, die selber voller Angst sind, reagieren mitunter unangemessen auf einen schlecht überschminkten Pickel, auf eine unpassende Haarfrisur oder auf einen ungeschickt geäußerten Gedanken. Mit gnadenloser Kritik und beißendem Spott treiben sich manche Jugendliche gegenseitig zu gefährlichen Abenteuern oder unsinnigen Mutproben an. Um die Aufmerksamkeit der Gruppenanführer zu erheischen, lassen sich insbesondere männliche Jugendliche auf grausame

Spiele und gefährliche Abenteuer ein. Nicht wenige tödliche Unfälle sind auf solche Aktivitäten, wie Kampftrinken, exzessiver Drogenkonsum oder andere waghalsige Dinge zurückzuführen.

Doch zum Glück ist die Gruppe der Jugendlichen, die bereit sind, ihre Gesundheit oder gar ihr Leben für etwas Anerkennung zu gefährden, recht klein. Dennoch bewegen sich viele ihrer Ängste um die Sehnsucht nach Anerkennung, die ich so zusammenfassen möchte:

Jugendliche Ängste drehen sich um ihren Platz in der Gruppe, um Unabhängigkeit von den Eltern, um Leistungen und um Versagen. Mit dem Beginn der Pubertät kommen körperbezogene Selbstzweifel und Ängste vor dem anderen Geschlecht hinzu.

Aufgabe der Eltern

Aus Sicht der jungen Menschen sind die Eltern in dieser Lebensphase keine wirkliche Hilfe. Mit zunehmendem Alter treten die Wertvorstellungen der Erwachsenen zurück und die Gruppe der Gleichaltrigen erklärt zunehmend, was wichtig und angesagt ist.

Etwas hilflos müssen wir Eltern ansehen, wie unsere Kinder sich in die "falschen Leute" verlieben, wie sie sich als „Pickelgesicht“ verspotten oder als "Spasti" beschimpfen lassen müssen. Wir können unsere kleinen Erwachsenen, in deren Zimmer sich manchmal noch die Teddybären stapeln, nicht vor dem Leben schützen. Gerade darum ist es wichtig, dass wir den Kontakt zu ihnen behalten. Ein wenig bescheiden müssen wir zur Kenntnis nehmen:

Junge Menschen lassen sich auf ihrem Weg in die Selbstständigkeit nicht aufhalten. Wenn wir es versuchen, bleiben sie entweder zu unselbständig oder werden zu risikofreudig. Der beste Schutz vor einer gefährlichen Entwicklung ist, wenn wir sie auf dem Weg in das Erwachsensein begleiten, ohne sie einzuengen.

Dabei machen sie es uns nicht gerade leicht. Die meisten jungen Leute sind sprachlich recht gewandt und sprechen einen Jargon, dem wir kaum gewachsen sind. Wenn wir ihnen kluge Ratschläge für vermeintlich bessere Lösungen für ihre Schwierigkeiten geben wollen, werden wir sie verlieren. Sie werden immer weniger auf den Rat der Eltern hören und sich zunehmend auf die Meinung ihrer mitunter zweifelhaften Freunde verlassen.

Auch für die Eltern ist das eine schwierige Zeit. Wenn Ihnen die Beziehung zu Ihren Kindern wertvoll ist, sollten Sie sorgfältig zwischen Begrenzungen und Freiheiten abwägen. Erwachsen werden bedeutet ja nichts anderes, als selber entscheiden zu lernen. Indem die jungen Menschen die Warnungen und Ratschläge der Eltern mit ihren eigenen Erfahrungen vergleichen, finden sie ihr persönliches Gleichgewicht zwischen vorsichtigem Herantasten und selbstbewusstem Drauflosslegen.

Fünfzehn oder sechszehn Jahre alte Menschen lassen sich von den Eltern kaum noch sagen, wie sie leben sollen und wo die Grenzen sind. Gleichwohl gilt:

Eltern, die ihre Kinder lieben, bewegen sich auf dem schmalen Grat zwischen Verbieten und Gewähren. Ihre Beziehung zu dem Kind ist die dünne Nabelschnur, durch die Sie Ihr Kind seelisch versorgen. Doch nicht die Liebe allein sollte der Maßstab für Ihre Entscheidungen sein, sondern die Frage nach der Sinnhaftigkeit.

Aus Liebe verbieten?

Damit Ihre Kinder Sie lieben können, obwohl – oder vielleicht gerade weil – Sie verbieten, möchte ich Ihnen einige Anregungen geben:

1. Erklären Sie Ihrem Kind, dass Ihre Verbote aus Sorge und nicht aus Schikane geschehen. Damit Ihnen Ihr Sohn oder Ihre Tochter das glauben kann, sollten Sie in weniger brisanten Fragen auch mal großzügig sein. Trinken Sie getrost mit Ihrem sechszehnjährigen Sohn mal ein schönes Glas Bier, statt ihm jeglichen Alkoholkonsum zu verbieten. Erlauben Sie Ihrer Tochter auch mal eine Stunde länger auf einer Party zu bleiben, wenn sie in sicherer Umgebung feiert.

2. Sprechen Sie keine Verbote aus, die Sie ohnehin nicht kontrollieren können. So werden Sie ihm oder ihr kaum verbieten können, mit einer Freundin oder einem Freund rumzuknutschen oder etwas mehr zu tun. Als Jugendlicher würde ich mir so etwas Schönes auch nicht verbieten lassen. Aber ich würde auf meine Eltern hören, die vor HIV oder einer frühen Schwangerschaft warnen.

3. Sprechen Sie mit dem Kind über Ihre Besorgnis, wenn Sie die Vermutung haben, dass es raucht oder gar Ecstasy, Haschisch und andere Drogen konsumiert. Machen Sie sich schlau. Bei den Erziehungs- und Drogenberatungsstellen finden Sie gut ausgebildete Therapeutinnen und Therapeuten, die Sie kompetent beraten. Statt zu verbieten, sprechen Sie mit Ihrem Kind über die konkreten Gefahren.

4. Kommen Sie Ihrem Kind niemals moralisch. Darauf reagieren die meisten Jugendlichen allergisch. Wenn Sie von irgendetwas abraten oder es verbieten, brauchen Sie sich nicht zu rechtfertigen. Sie allein entscheiden bei Ihren noch nicht volljährigen Kindern, was geschieht. Doch machen Sie nicht den Fehler, mit Ihren Wertvorstellungen auf Ihre Kinder einwirken zu wollen. Das kann nur schief gehen.

5. Setzen Sie Punkte. Basta heißt Basta und nicht vielleicht Basta. Bevor Sie sich aber festlegen, prüfen Sie, ob Sie das Verbot auch wirklich durchsetzen und den Widerstand Ihres Kindes aushalten können.

Wenn Sie gute, sachliche Gründe haben und dem Kind erklären, warum Sie etwas nicht wollen, stehen Sie zu Ihrer Entscheidung. Durch gut begründete Verbote fühlen sich die meisten Jugendlichen ernst genommen und geborgen.

Kinder und junge Erwachsene können mit Verboten besser umgehen, als wir oftmals vermuten. Sie lehnen die Erwachsenen keineswegs ab, wenn sie ihnen Grenzen setzen. Möge der junge Mensch noch so heftig und lautstark protestieren – letztlich wird er Ihnen dankbar sein, dass sie um seine Sicherheit besorgt sind.

Wenn Sie ein Verbot lockern, aufheben oder ändern wollen, entscheiden Sie nach Ihrem persönlichen Gefühl. Die Wirkung eines Verbotes kann ohnehin nicht mehr als ein Signal sein. Kinder und junge Menschen haben tausend Möglichkeiten unsere Entscheidungen zu unterlaufen oder sie nur vordergründig zu befolgen. Bevor Sie sich auf sinnlose Machtkämpfe einlassen, heben Sie das Verbot lieber auf. Ihr Nachwuchs wir Ihnen das nicht als Schwäche, sondern als eine verantwortungsvolle Entscheidung anrechnen. Denn:

Liebe kann auch bedeuten, ein Verbot gegen ein gutes Gespräch einzutauschen und die Verantwortung an das Kind zurückgeben. Denn der Weg zum Erwachsenwerden ist letztlich nichts anderes, als schrittweise an die Selbstverantwortung herangeführt zu werden.

Schule und Schulangst

Viele Menschen, insbesondere aber Suchtkranke oder in anderer Hinsicht eingeschränkte Menschen berichten immer wieder, dass sie den Schulbeginn als extrem belastend erlebt haben. Zum ersten Mal in ihrem Leben haben sie wahrgenommen, dass sie anders als andere sind.

Was in der fast heilen Welt des Kindergartens kaum eine Rolle gespielt hat, wird nun zum zentralen Thema. Auf einmal treten soziale Unterschiede, die finanziellen Verhältnisse und der berufliche Kontext in den Vordergrund. Wer hat die beste Kleidung, die teuerste Schultasche, das interessanteste Spielzeug zuhause und vieles mehr. Fragen, die sich in dieser Klarheit bisher nicht gestellt haben.

Ob das wohlbehütete Mädchen des Bankdirektors eloquent ein Gedicht aufsagt oder der Sohn des arbeitslosen Bauarbeiters verlegen in seinem Rechenheft rumkritzelt – dazwischen liegen Welten.

Gut ausgebildete Lehrkräfte verstehen zwar die sozialen Unterschiede zwischen den Kindern einigermaßen auszugleichen. Doch letztlich können sie die strukturelle Ungleichheit unserer Gesellschaft nicht aufheben. Es gibt nun mal Familien der Oberschicht, in denen von vornherein klar ist, dass das Kind Abitur macht und studiert, obwohl es nicht schlauer als andere ist. Und es gibt Familien in prekären Lebensverhältnissen, in denen ein durchaus intelligentes Kind kaum einen höheren Schulabschluss erreichen wird.

Soziale Unterschiede können Angst hervorrufen. Allerdings ist das nicht der einzige Grund. Abgestuft gibt es diese Angst auf allen Ebenen. So bleiben Kinder aus bessergestellten Familien keineswegs von Abwertung, Auslachen und Verspotten verschont. Vielleicht leiden sie sogar noch mehr unter Ausgrenzung und Mobbing als Kinder aus einfachen Familienverhältnissen.

Ich möchte es mal so ausdrücken:

Kinder leiden je nach Persönlichkeit unterschiedlich stark unter dem Gefühl anders zu sein. Alle Menschen streben nach Harmonie und Dazugehörigkeit. Weil aber alle Menschen unterschiedlich sind und unterschiedliche Erwartungen haben, können solche Erwartungen letztlich nur ein Ziel sein.

Zwar spielen die Leistungsanforderungen bei Schuleintritt noch nicht eine sehr große Rolle. Die Freude am Lernen, die Neugier auf Wissen, der Spaß an interessanten Dingen, das alles lernen Kinder bereits in den ersten Schulmonaten. Doch genauso lernen sie in dieser Phase die Angst vorm Versagen oder vor Überforderung und Zurückweisung.

Wenn Kinder bereits in der Grundstufe mit Angst zur Schule gehen, sollten Sie das nicht hinnehmen. Sprechen Sie mit der Klassenlehrerin oder dem Klassenlehrer oder holen Sie sich professionellen fachlichen Rat.

Dabei gilt es Folgendes zu berüksichtigen:

Unter Anspannung, bei psychischem Stress und im Zustand der Angst findet eine verstärkte Hormonausschüttung statt, die dazu führt, dass der Körper sich auf Flucht oder Kampf einstellt und das rationale Denken einschränkt. Das ist der Grund, wenn Kinder trotz guter Vorbereitung im Unterricht versagen.

Angst vor Versagen

Etwa ab der dritten Klasse nehmen die Leistungsanforderungen deutlich zu. Manchmal gibt es einen Lehrerwechsel und das spielerische Lernen ist jetzt nur noch untergeordnet. Stoffpläne müssen eingehalten und Lernziele erreicht werden. Manche Kinder sind dem Lerntempo nicht gewachsen oder sprachlich und intellektuell überfordert. Zum Glück werden Kinder nur noch selten wegen schlechter Leistungen oder aufgrund unzureichender Sprachkompetenzen durch Lehrkräfte ausgegrenzt. Und doch findet Ausgrenzung nach wie vor statt. So werden manche Kinder zu einer Geburtstagsparty nur deshalb nicht eingeladen, weil sie zu dem sozialen Staus der Eltern nicht passen. Man bleibt lieber unter sich.

Spätestens in der vierten Klasse beginnt ein gnadenloser Wettbewerb um Schulformen, Leistungsvermögen und elterliche Pläne. Denn nicht immer stimmen die ehrgeizigen Vorstellungen der Eltern mit den Fähigkeiten und den Wünschen der Kinder überein.

So sollte die Entscheidung, ob ein Kind entgegen der Empfehlung der Lehrer auf eine höhere Schule geht, gut überlegt sein. Inzwischen ist unser Schulsystem so durchlässig geworden, dass sich die Schüler auch später noch umorientieren können.

Wenn Kinder auf Druck ihrer Eltern eine Schulform wählen, die sie überfordert, leiden sie nicht selten unter psychosomatischen Beschwerden wie Kopf- oder Magenschmerzen, Schwindelgefühl oder Durchfallerkrankungen.

Lassen Sie es mich so ausdrücken:

Kinder, die sich im schulischen Alltag überfordert fühlen, leiden nicht nur unter den immensen Anforderungen, sondern vor allem unter den Erwartungen, die von außen an sie gestellt werden.

Bei der Entscheidung über die Schulform sollten die Eltern berücksichtigen, dass Empfehlungen, die Mädchen betreffen, etwas zuverlässiger sind als bei Jungen. Das liegt daran, dass Mädchen in ihrem Leistungsverhalten nicht so sprunghaft wie Jungen sind. Insbesondere um die Pubertät herum sind bei Jungen erhebliche Schwankungen bei der Leistungsfähigkeit und in der Lernmotivation zu erwarten.

Es liegt auf der Hand, dass hierin eine zusätzliche Quelle für Versagensängste zu suchen ist. In einigen Bundesländern gibt es aus diesem Grund eine zweijährige Orientierungsstufe, die dazu beitragen soll, mehr Sicherheit bei der Entscheidung zu finden.

Reifungsängste

Reifungsängste sind solche, die mit der körperlich-seelischen Entwicklung während der Pubertät zusammenhängen. Denn die Zeit zwischen dem Ende der Kindheit und dem Beginn des Erwachsenseins ist von stürmischen Veränderungen geprägt, die die jungen Menschen zutiefst verunsichern und beängstigen können.

Diese Lebensphase ist extrem störungsanfällig und störbar. Von Suchtproblemen, Essstörungen bis hin zu sozialer Verwahrlosung ist fast alles möglich. Zwar sind solche psychischen Probleme nicht allein auf schulische Schwierigkeiten zurückzuführen. Doch wenn ein Kind die Schule schwänzt, frühe sexuelle Begegnungen hat, Drogen oder Alkohol konsumiert oder in anderer Hinsicht auffällig ist, sollte immer auch die Schulsituation mitberücksichtigt werden.

Ich möchte es so zusammenfassen:

Der Übergang von der Kindheit zum Erwachsensein ist von heftigen Ängsten und Gefahren begleitet, die sich in Verhaltensauffälligkeiten, Alkohol- oder Drogenkonsum oder in psychischen Problemen zeigen können. Kinder brauchen in diesem Lebensabschnitt ihre Eltern mehr denn je. Überhöhte Leistungserwartungen, Vorwürfe und unangemessene elterliche Erwartungen können Kinder in schwere seelische Not und manchmal sogar in die Selbstaufgabe treiben.

Eine solche Selbstaufgabe kann sich so zuspitzen, dass ein Kind depressiv wird, Suchtmittel konsumiert oder gar einen Suizid in Erwägung zieht.

Damit so etwas nicht geschieht, möchte ich Ihnen im nächsten Kapitel einige Anregungen geben, wie Sie Ihre Kinder davor schützen können, dass ihnen die Angst nicht die Freude am Leben nimmt.

☺ Tipp: Selbstvertrauen fördern durch Sozialkontakte

Wenn Ihr Kind im Kontakt mit anderen Kindern eher ängstlich und zurückhaltend ist, üben Sie mit ihm systematisch, seine Zurückhaltung zu überwinden. Beginnen Sie mit ein, zwei guten Freunden, bei denen es sich leicht durchsetzen kann. Weiten Sie seine sozialen Kontakte schrittweise aus. Sportverein, Spielgruppen, Musikschule und Kinderschwimmen sind gute Möglichkeiten, sich in Gruppen behaupten zu lernen. Auch wenn ein solcher Reifungsprozess eine Weile in Anspruch nimmt, lernt Ihr Kind nach und nach, seine sozialen Kompetenzen auszubauen. Sprechen Sie mit Ihrem Kind regelmäßig über seine Fortschritte, aber auch über Rückschläge und was es tun kann, um sich zukünftig noch besser durchzusetzen.

Ängste erkennen und bewältigen: Hilfen und Möglichkeiten

Reale und fantasierte Ängste

Bis jetzt habe ich nur von der Angst gesprochen, die von äußerlichen Gefahren droht. Mal fürchten sich Kinder vor einem Gewitter, dann vor einem Hund, ein anderes Mal vor dem Zahnarzt oder vor einer Spritze. Wir sprechen von Realangst, wenn wir konkrete Dinge meinen, die Kindern Angst machen. In diesem Kapitel möchte ich Ihnen einige Vorschläge machen, wie Sie mit Ihren Kindern gemeinsam solche Ängste bewältigen und bearbeiten können. Zunächst möchte ich die nichtrealen Ängste etwas näher erläutern, da sie eine eigene Dynamik haben und genauso belastend wie reale Ängste sein können.

Ich hatte bereits ausgeführt, dass Leistungsdruck und elterlicher Ehrgeiz Kinder in eine ausweglose Lage bringen können, aus der sie manchmal nicht herausfinden. Wenn Kinder sich mit Selbstmordgedanken quälen oder in anderer Hinsicht aus dem Gleichgewicht geraten sind, stecken oftmals erhebliche Ängste dahinter. Wie immer sie sich auch verhalten: die Angst begleitet sie und ist Teil ihrer Konflikte und Spannungen.

Wenn ein Kind beispielsweise vor den Eltern wegläuft, nachdem es irgendwelchen Unsinn gemacht hat, so läuft es zunächst aus Angst vor der Strafe weg. Je kleiner es ist, umso früher wird es dann Angst vor der Trennung, vor dem Alleinsein und vielleicht vor aufkommender Dunkelheit bekommen. Später wird möglicherweise die Angst vor Strafe wegen seines Weglaufens hinzukommen.

Auf jeden Fall erlebt das Kind die Ängste als zu sich selbst gehörig, auch wenn sie ihm nicht immer bewusst sind. Selbst die Angst vor der Angst, die ein Kind entwickelt haben kann, wenn es ein schlimmes Ereignis erlebt hat, wird es wahrnehmen und beschreiben können.

Anders verhält es sich bei den nichtrealen Ängsten. Sie finden außerhalb der eigenen Erlebniswelt statt. Fast sieht es so aus, als wenn sie nichts mit der Alltagserfahrung zu tun haben. Manchmal stehen sie sogar im Widerspruch dazu. Die meisten Menschen, die sich wegen ihrer Angst oder ihrer Angstsymptome in fachliche Hände begeben, leiden unter solchen Ängsten.

In diesem Fall sprechen die Fachleute von neurotischen Ängsten oder von Phobien. Am bekanntesten sind Platz- oder Tierphobien. Menschen, die frei von solchen Ängsten sind, können kaum nachvollziehen, warum sich manche Menschen beispielsweise vor Spinnen fürchten, zumal es in unserer Region keine gefährlichen Spinnen gibt. Und doch gibt es Menschen, die sich heftig vor Spinnen fürchten.

Ängstliche Reaktionen und Phobien

Um Verwechslungen zu vermeiden ist es sinnvoll, zwischen ängstlichen Reaktionen und phobischen Ängsten zu unterscheiden. Eine ängstliche Reaktion könnte zum Beispiel sein, wenn ich versehentlich aus der Tasse meines Arbeitskollegen trinke, von dem ich weiß, dass er sich mit HIV infiziert hat.

Zwar weiß ich, dass das Virus nur von Blut zu Blut übertragen werden kann. Trotzdem werde ich möglicherweise erschreckt meinen Mund mit einem Desinfektionsmittel spülen, um das vermeintliche Virus wegzuschwemmen. Insofern reagiere ich ängstlich auf eine real nicht vorhandene Gefahr.

Eine phobische Reaktion dagegen ist wie eine sich regelmäßig wiederholende ängstliche Reaktion, ohne dass die auslösende Gefahr real vorhanden ist. Um bei dem Beispiel zu bleiben, könnte eine phobische Reaktion so aussehen, dass ich beim Anblick einer Kaffeetasse panikartig den Raum verlasse oder heftige Schweißausbrüche bekomme, obwohl ich gar nichts über den Besitzer der Tasse weiß. Lassen Sie mich den Gedanken so zusammenfassen:

Angst hat die Eigenschaft sich immer mehr auszubreiten und zu verallgemeinern. Ängstliche Reaktionen können sich verselbstständigen oder in Phobien äußern. Dabei tritt die ursprüngliche Quelle der Angst in den Hintergrund und ist von außen nicht erkennbar.

Angst vermeiden

Die meisten Menschen neigen dazu, Situationen zu meiden, die ihnen Angst machen. Das mag eine Weile gutgehen. Doch wenn bestimmte Abläufe gemieden werden, geht sozusagen die Übung verloren. Das führt dazu, dass immer mehr Situationen gemieden werden, die Angst auslösen könnten.

Um das etwas deutlicher zu machen, erinnere ich noch einmal an die siebenjährige Anja, die morgens immer an einem schwarzen Hund vorbei musste. Hierzu möchte ich die Geschichte von Anja einmal fortsetzen:

Ihre Mutter möchte Anja die Angst ersparen. Darum fährt sie das Mädchen jeden Morgen mit dem Auto zur Schule. Ohne es zu wollen, macht die Mutter das Gleiche wie ihre Tochter. Gemeinsam meiden sie nun die bedrohliche Situation. Obwohl die Mutter die Gefahr herunterspielt, scheint sie selber Angst vor dem Hund zu haben. Denn sonst würde sie die Tochter nicht jeden Tag mit dem Auto bringen.

Wenn Kinder Angst haben, sind sie nur schwer über den Verstand zu erreichen. Insbesondere, wenn eine nahe Bezugsperson, eben die Mutter, ebenfalls Unbehagen verspürt, wird das die Angst eher verstärken. Denn:

Ängstliche Reaktionen und phobische Ängste beruhen im Wesentlichen auf sogenannten Interpretationen. Nicht die Ereignisse an sich erscheinen bedrohlich, sondern wie die Kinder das Erlebte deuten oder interpretieren.

Darum ist es wichtig, zu verstehen, was im Kopfe eines Kindes vorgeht. Zunächst einmal gilt es herauszufinden, wovor sich das Kind fürchtet. Fürchtet es sich nur vor Hunden? Oder auch vor anderen Tieren? Fürchtet es sich vor allen Hunden oder nur vor bestimmten Hunden? Und so weiter.

Je genauer Sie wissen, wie die Angst des Kindes beschaffen ist, umso besser können Sie Ihr Kind dazu anleiten, die tatsächliche Gefahr einzuschätzen. Denn die Angst vermindert sich umso mehr, je konkreter die Gefahr ist. Auf dieser Grundlage kann das Kind lernen, zwischen tatsächlich gefährlichen oder aber eher harmlosen Situationen zu unterscheiden. Insofern gilt es festzuhalten:

Angst und ängstliche Reaktionen beruhen auf der Interpretation von Erfahrungen. Indem Kinder neue Erfahrungen unter kontrollierten Bedingungen machen, können sie prüfen, ob ihre Ängste begründet sind oder lediglich der Fantasie entspringen.

Natürlich ist das alles viel komplizierter. Für unser Thema sollte es jedoch reichen, wenn wir uns merken, dass nahezu alle Formen von Ängsten mit unseren Erklärungen der Welt zusammenhängen. Da wir die Welt nicht ändern können, bleibt uns nur die Möglichkeit, unsere Bewertungen zu verändern. Erst dann können wir die Erfahrung machen, dass bestimmte Situationen nicht so bedrohlich sind, wie sie in der Fantasie erscheinen.

Gesunde und kranke Angst

Bisher habe ich keine Unterscheidung zwischen gesunden und kranken Ängsten vorgenommen. Das ist auch schwierig, da die Grenze fließend ist. Kinder können ein wenig Angst, große Angst oder schwerste Angstzustände haben.

Nichtfachleute können nicht zuverlässig einschätzen, wie stark die Angst des Kindes ist und ob professionelle Hilfe erforderlich ist. Wie sollten wir auch den Leidensdruck eines Kindes von außen bewerten können, wenn wir oftmals unsere eigene Angst kaum realistisch wahrnehmen? Wenn Sie sich unsicher sind, sollten Sie im Zweifel fachlichen Rat in Anspruch nehmen. Ich möchte es so formulieren:

Ob ein Kind, das unter erheblicher Angst leidet, in psychologische oder psychiatrische Behandlung geht, ist eine Entscheidung, die die Eltern verantwortungsvoll treffen sollten. Da die Angst selber unsichtbar ist, gilt es danach zu schauen, wie stark das Kind in seiner Lebensfreude gehindert wird.

Insofern ist es sinnvoll, das Kind zu beobachten und behutsam zu befragen. Doch möchte ich an dieser Stelle noch einmal hervorheben, dass die Angst zum Leben dazugehört und jede neue Entwicklung und Veränderung von Angst begleitet wird. Das gilt auch für Phobien und ängstliche Reaktionen. Erst, wenn das damit einhergehende Vermeidungsverhalten eine bestimmte Intensität bekommt, ist von einer pathologischen Angst zu sprechen.

Vielleicht lässt sich das ganz gut mit dem Beispiel vom Aufzug verdeutlichen. Wenn ein Kind beispielsweise Angst vor Aufzügen hat, so wird es vielleicht regelmäßig die Treppen laufen. Das wäre ja auch nicht weiter schlimm und würde zudem den Kreislauf fit halten. Doch leider hat die Angst die Tendenz, sich auf andere Lebensbereiche auszudehnen.

Das könnte dazu führen, dass ein betroffenes Kind den Bus, den Zug und alle anderen geschlossenen Räume meidet. Im weiteren Verlauf kann sich die Angst soweit ausdehnen, dass es zunehmend immer mehr Orte und Situationen meidet. Fachleute sprechen dann von einer generalisierten Angst.

Auf der anderen Seite gibt es organische Krankheiten, die mit Angst einhergehen oder sogar bestimmte Ängste erzeugen. Auch gibt es bestimmte Stoffe, die heftige Angstzustände hervorrufen können. Das ist ein recht umfangreiches Thema, auf das ich in diesem Buch nicht eingehen kann. Doch einen wichtigen Aspekt möchte ich noch ansprechen.

Angst und Medikamente

Wir leben in einer Zeit, in der es gilt, kompetent zu wirken und möglichst störungsfrei zu funktionieren. In vielen Bereichen und über eine begrenzte Zeit ist das sicher auch möglich. Doch letztlich wissen wir alle, dass das so nicht stimmt. Wenn Menschen beruflich oder privat überfordert sind, unter ihrer Alltagswirklichkeit leiden und wenn sie Angst haben, suchen sie nach Entspannung und Ausgleich. Die Form, wie wir mit Stress und Angst umgehen, ist individuell recht verschieden. Manche Menschen konsumieren Alkohol oder Drogen oder nehmen Medikamente, um Angstzustände zu kompensieren.

Zwar mögen solche Substanzen eine vorübergehende Linderung bewirken, doch besteht die Gefahr, dass sie über Gewöhnungsprozesse eine Sucht hervorrufen. Das gilt auch für viele andere Gewohnheiten wie Sport, Essen, Sexualität und vielem mehr. Letztlich kann jedes menschliche Verhalten, das eine angenehme Alternative zu einem unerträglichen Zustand darstellt, süchtig entgleisen.

Manche Eltern geben ihren Kindern Medikamente in der guten Absicht, dass sie ihnen damit die Angst nehmen. Das Fatale an solchen Substanzen ist, dass sie tatsächlich helfen. Das kann dazu führen, dass eher ängstliche oder gehemmte Kinder plötzlich selbstbewusst und aktiv auftreten. Sobald die Wirkung des Medikamentes nachlässt, fallen sie jedoch in ihr altes Verhalten zurück.

Um die Wirkung wieder zu bekommen, muss das Medikament erneut genommen werden. Doch die Wirkung lässt mit der Zeit nach, da sich der Körper an das Mittel gewöhnt. Um die gleiche Wirkung wie vorher zu erzielen muss die Dosis nach einer gewissen Zeit erhöht werden. Über einen längeren Zeitraum führt die regelmäßige Einnahme von Beruhigungsmitteln jedoch zu einer Medikamentenabhängigkeit.

Auf der anderen Seite spricht nichts dagegen, wenn Kinder in einer extremen Krisensituation unter ärztlicher Anleitung für einen begrenzten Zeitraum solche Medikamente nehmen. In dem Falle haben solche auch einen hohen therapeutischen Wert und sind mitunter das einzige Mittel, um eine schwere Zeit schadlos zu überstehen. Lassen Sie mich meine Warnung trotzdem wiederholen:

Beruhigende Medikamente sind kein Mittel der Wahl, um Alltagsängste, ängstliche Reaktionen oder Phobien zu behandeln. Es besteht die Gefahr, dass sich über den Weg der Gewöhnung eine Sucht entwickelt. In schweren Krisen und Belastungssituationen sind Beruhigungsmittel allerdings ein sinnvolles Hilfsmittel, das unter ärztlicher Verordnung und für einen begrenzten Zeitraum einen Segen für Kinder in seelischer Not darstellt.

☺ Tipp: Selbstvertrauen fördern durch Erfahrungen

Erlauben Sie Ihrem Kind viele neue Erfahrungen. Hierdurch verliert es seine Angst vor Unbekanntem und stärkt sein Selbstbewusstsein. Gehen Sie das Risiko ein, dass Ihr Kind sich beim ersten Versuch, Rad zu fahren, eine Schramme zuzieht oder sich mit „falschen Freunden“ einlässt. Die Erfahrung, die eigene Angst besiegt und etwas geschafft zu haben, trägt maßgeblich dazu bei, dass Kinder Selbstvertrauen gewinnen und sich auf neue Herausforderungen freuen.

Als Erwachsene besteht unsere Aufgabe darin, eine angemessene Balance zwischen verantwortungsvoller Risikoabwägung und kindlicher Autonomie zu finden.

Ängste abbauen – Selbstvertrauen gewinnen

Was Eltern tun können

Wir neigen manchmal dazu, den Fachleuten das Feld zu überlassen, wenn es um seelische Probleme geht. Dabei sind viele Ängste im Alltag entstanden; warum sollten sie nicht auch im Alltag aufgelöst werden?

Doch seien Sie bitte unbesorgt. Ich werde Sie jetzt nicht ermuntern, an der Seele Ihres Kindes herumzudoktern. Das wäre zutiefst verantwortungslos. Andererseits wissen Sie inzwischen einiges über die Angst und vielleicht trauen sich ja etwas mehr zu. In diesem Abschnitt werde ich Ihnen einen Überblick über verschiedene Instrumente geben, mit denen sich die Angst reduzieren lässt. Ein solches Instrument ist die sogenannte systematische Desensibilisierung. Mit ihrer Hilfe werden bestehende Ängste in kleinen Schritten immer mehr verkleinert.

Ein anderes Instrument ist, die Kinder dazu anzuleiten, sich in Ruhe die Dinge anzuschauen, vor denen sie sich fürchten. Denn je entspannter ein Kind ist, umso geringer ist seine Angst. Auf dieser

Überlegung beruhen einige Verfahren, die Ruhe und Gelassenheit versprechen. Am bekanntesten sind das Autogene Training nach Schultz sowie die Progressive Muskelentspannung nach Jacobson, die ich beide kurz erläutern werde.

Ich hatte bereits ausgeführt, dass Angst etwas damit zu tun hat, wie Kinder die Ereignisse bewerten. Indem sie ihre Gedanken neu ordnen, lernen sie zwischen den Ereignissen und ihren persönlichen Bewertungen zu unterscheiden. In dem Maße, wie ihnen das gelingt, gewinnen sie die Übersicht und gewinnen die Kontrolle über ihre Gefühle zurück.

Schließlich möchte ich das Buch mit der wunderbaren Welt der Rituale abschließen. Sie stellen aus meiner Sicht den Königsweg bei der Bearbeitung der Angst dar. Es ist wohl unserer etwas hektischen Lebensweise geschuldet, dass Rituale und Märchen so wenig Raum finden, obwohl gerade sie eine weitere recht wirksame Möglichkeit sind, Ängste abzubauen.

Alle hier angesprochenen Verfahren sind verhältnismäßig leicht zu erlernen und auch von Nichtfachleuten anzuwenden, sofern diese behutsam und liebevoll mit dem Kind umgehen. Es fehlt hier der Raum, um auf die Verfahren im

Detail einzugehen. Das Internet und viele psychosoziale Stellen bieten ausreichende Möglichkeiten sich fachlich weiterzubilden.

Systematische Desensibilisierung

Sie erinnern sich an Julians Erlebnis in der Waschanlage? Offensichtlich hat er einen nachhaltigen Schreck bekommen, als sein Vater so kläglich in dem zischenden Schacht der Waschanlage verschwunden war. Das führte dazu, dass er in der Folgezeit auf alles, was mit Wasser zu tun hatte, heftig reagierte. Julian hatte eine Wasserphobie entwickelt, die dazu führte, dass er den Gartenschlauch, den Springbrunnen, die Dusche, ja sogar den Regen fürchtete. Offensichtlich hatte sich seine Angst vor Wasser auf mehrere Lebensbereiche ausgedehnt.

Sein Vater konnte ihn mithilfe der systematischen Desensibilisierung innerhalb weniger Wochen von seiner Wasserphobie befreien. Zum Glück war sein Vater als Therapeut mit der Verhaltenstherapie gut vertraut. Ohne mit seinem Sohn darüber darüber zu sprechen, verband er gemeinsame Unternehmungen mit konkreten Wasserspielen. Doch lesen Sie selber, wie es war:

Es begann damit, dass der Vater gemeinsam mit dem Sohn eine Blume einpflanzte, die natürlich etwas Wasser braucht. Bei den ersten Versuchen machte es der Vater vor, bis der Sohn von sich aus fragte, ob er die Gießkanne auch mal halten dürfe. Das Programm zog sich über Wochen hin, in denen das Risiko in kleinen Schritten allmählich vergrößert wurde.

Einmal setzte sich der Vater zu dem Sohn in die Badewanne, um Quietsche-Entchen und Modellautos abzubrausen, ein anderes Mal fuhren sie in einen Freizeitpark, um sich ein Wasserspiel anzusehen und so weiter. Schließlich ging es zur Reifeprüfung: Nachdem mehrere Autowaschanlagen von außen genügend lange beobachtet und ihre "Gefährlichkeit" diskutiert wurde, äußerte Julian den Wunsch, mit Papa durch so einen solchen Schacht zu fahren. Es wurde ein großartiges Erlebnis, das mit einem riesigen Eis – natürlich für beide – belohnt wurde.

Seit diesem Tag war Julian wieder die Wasserratte, wie er sie vor dem Ereignis war. Durch eine verhältnismäßig harmlose Maßnahme hatte er seine Angst verloren. Das Beispiel zeigt, dass die systematische Desensibilisierung bei liebevoller Anwendung durchaus dazu beitragen kann, dass Kinder bestimmte Ängste abbauen.

Eine Phobie behandeln

Mithilfe der systematischen Desensibilisierung lassen sich auch andere phobische Störungen behandeln. Tatsächlich gibt es unvorstellbar viele Formen solcher Phobien. Neben den bekannten wie Angst vor Plätzen, Brücken oder engen Räumen gibt es Menschen, die Angst vor Zahlen, vor Knoblauch oder vor Sternen. Manche Menschen fürchten sich vor Nebel, vor Gerüchen oder sogar vor dem Papst.

Wie erwähnt, lassen sich Phobien verhältnismäßig einfach behandeln, wobei nicht jede Phobie behandlungsbedürftig ist. Um eine solche Phobie zu bearbeiten, ist eine sogenannte Angsthierarchie hilfreich.

Dabei handelt es sich um eine Liste, auf der die größte Angst oben steht und die kleinste unten. Oder auch umgekehrt. Indem die Therapeutin oder der Therapeut gemeinsam mit dem Kind die jeweils nächste Stufe erarbeiten, kann es schrittweise seine Angst abbauen. Das hört sich einfach an, ist in Wirklichkeit aber komplizierter, als ich das hier darstellen kann. Grundsätzlich gehört die Behandlung einer Angststörung in die Hände der Fachleute.

Eine Angsthierarchie können aber auch Eltern und Angehörige durchführen, wenn sie behutsam und in kleinen Schritten vorgehen. Im folgenden Abschnitt werde ich Ihnen eine solche Angsthierarchie vorstellen, die beispielsweise zur Bearbeitung einer Spinnenphobie eingesetzt werden kann.

Lenas Spinnenphobie

Angenommen, Sie hätten eine Tochter mit dem Namen Lena. Lena hat eine ziemliche Angst vor Spinnen. Allein die Vorstellung, dass eine Spinne an der Decke ihres Zimmers entlangläuft, lässt ihr das Blut in den Adern gefrieren.

Lena nimmt das Angebot ihrer Mutter nur zögerlich an, die sie bei der Bewältigung ihrer Phobie unterstützen will. Die Mutter hat sich gut vorbereitet. Sie hat viel darüber gelesen, sich mit Freundinnen ausgetauscht und eine Beratungsstelle aufgesucht.

In mehreren Gesprächen hat sie mit Lena gemeinsam eine Angsthierarchie erstellt, die so aussieht:

1. Bilder von Spinnen betrachten und über deren Lebensbedingungen sprechen.
2. Einen Zoobesuch unternehmen und Spinnen aus großer Entfernung betrachten.
3. Eine Spinne in freier Natur dabei beobachten, wie sie einen Baum hochkrabbelt.
4. Eine Spinne im Haus aus zwei Metern Entfernung betrachten, wie sie an der Wand entlangläuft.
5. Eine Spinne aus einem Meter Entfernung ansehen.
6. Eine Spinne aus unmittelbarer Nähe betrachten.
7. Eine Spinne über einen Schuh oder ein über ein Kleidungsstück laufen lassen.
8. Die Spinne über die Hand oder ein anderes Körperteil laufen lassen.
9. Eine Spinne über ein Bein laufen lassen, ohne sie anzusehen.
10. Eine Spinne auf den Kopf setzen lassen und dabei ruhig atmen.
11. Eine Spinne auf den Arm oder auf den Kopf fallen lassen.

Wichtig ist, dass Sie jeden Schritt mit dem Kind besprechen. Noch wichtiger ist, dass das Kind ausdrücklich der nächsten Stufe zugestimmt hat. Erklären Sie ihm, dass es der Wächter über seine Angst ist.

So kann es gelingen, dass es die Kontrolle über seine Gefühle zurückgewinnt. Denn ein Merkmal der Angst ist, dass die Betroffenen glauben, dass sie ihre Gefühle nicht kontrollieren können. Schon eine kleine Veränderung kann dazu beitragen, dass das Kind darauf vertraut, dass es seine Angst verlieren wird.

Kinder brauchen Sicherheit

Die Bearbeitung einer solchen Angsthierarchie kann in einigen Tagen erfolgen, sie kann sich aber auch über Wochen hinziehen. Der einzige Maßstab ist das Kind selber. Vor allem braucht es die Sicherheit und Gewissheit, dass es das Training jederzeit und bedingungslos abbrechen darf.

Lassen Sie sich und Ihrem Kind die Zeit, die es benötigt. Dadurch gelingt es ihm, seine ersten kleinen Erfolge in den Alltag einzubauen. Hilfreich ist, wenn Sie die persönliche Angsthierarchie Ihres Kindes in eine nette Geschichte einrahmen. Nach dem Modell der geführten Fantasie achten Sie darauf, dass Sie die Geschichten so aufbauen, dass die beängstigende Seite immer mit beruhigenden Anteilen gemischt wird. Wenn Sie das autogene Training etwas kennen, bringen Sie Elemente ein, die zur Entspannung beitragen. Einfache Sätze, wie: "Die Spinne Olga ist ein freundliches Wesen" oder "in ihrem Netz fühlt sich die Spinne in Sicherheit" schaffen eine Verbindung zu den eigenen Fantasien des Kindes.

Verändern Sie die Geschichte allmählich von der Stufe der kleinsten Angst zu höheren Stufen. Erst dann beginnen Sie mit den praktischen Übungen. Doch bitte denken Sie daran:

Überschreiten Sie niemals die persönliche Belastungsgrenze Ihres Kindes. Als Erwachsener legen Sie fest, wie Sie vorgehen. Aber das Kind entscheidet, wo seine Grenze ist. Deshalb sollten Sie niemals und in keiner Form Druck ausüben. Nur dann wird es bereit sein, die nächste Stufe zu erklimmen.

Das alles erfordert von Ihnen ein hohes Maß an Verantwortung. Richten Sie sich nach Ihrem Gefühl. Wenn Sie spüren, dass Sie zu zu schnell vorgegangen sind, gehen Sie ruhig eine oder zwei Stufen zurück. Das Kind wird von sich aus sagen, ob es bereit ist, weiterzugehen. Und erklären Sie bei jedem Schritt, was und warum Sie etwas tun.

Egal was Sie tun; gehen Sie behutsam und vorsichtig mit der kleinen Seele Ihres Kindes um. Ein später selbstbewusstes Kind wird es Ihnen zu danken wissen.

Autogenes Training

Auch wenn ich es mehrfach angesprochen habe, möchte ich es noch einmal wiederholen. Die Behandlung schwerer Angstzustände, Panikattacken und Traumata, wie sie durch Gewalterfahrung, sexuellen Missbrauch oder Katastrophen hervorgerufen werden, gehört nicht in die Hände von Nichtfachleuten. Hier sind ausgebildete Therapeutinnen und Therapeuten gefordert.

In diesem Buch geht es aber hauptsächlich um Alltagsängste, für die kein therapeutischer Behandlungsbedarf besteht. Bei solchen Ängsten hat sich das autogene Training nach Schultz bewährt. Dabei handelt es sich um ein Entspannungsverfahren, mit dem alltägliche Ängste abgebaut werden können.

Das Verfahren funktioniert so, dass wir unseren Körper durch formelhafte Sätze tief entspannen und wir uns dabei warm und schwer anfühlen. Auf diese Weise gelingt es, in einen Zustand tiefer innerer Ruhe zu kommen.

Allerdings ist das Autogene Training nicht für alle Kinder geeignet, da die Grundübungen für kleinere Kinder noch zu schwer sind. Darum kommt das Training für Kinder unter sechs Jahren eher noch nicht in Betracht.

Da das Autogene Training auch für Erwachsene eine gute Möglichkeit ist, um innere Ruhe zu finden. Es empfiehlt es sich, das Verfahren mit dem Kind gemeinsam zu erlernen. Entsprechende Kurse werden bei der Volkshochschule oder von Beratungsstellen angeboten.

Progressive Muskelentspannung

Die sogenannte progressive Muskelentspannung ist ein weiteres Instrument, um zu innerer Ruhe zu finden. Die körperliche Entspannung trägt dazu bei, dass ein Kind seine Gedanken besser steuern kann. Im Gegensatz zum Autogenen Training sind keine vorbereitenden Übungen erforderlich und es kann unter Anleitung sofort durchgeführt werden. Allerdings gilt auch hier die Einschränkung, dass Kinder erst ab dem Schulalter mit dem Verfahren zurechtkommen.

Gedanken, die gesund machen

Der Philosoph Epiktet soll einstmals gesagt haben: "Nicht die Dinge selbst beunruhigen uns, sondern die Meinungen, die wir über die Dinge haben." Es war schon die Rede davon, dass unsere Bewertungen für unsere Gefühle verantwortlich sind. Das trifft besonders für Kinder im magischen Alter, also ab etwa drei Jahren, zu. In dieser Lebensphase sind sie ausgesprochen beeinflussbar und vertrauen auf Erwachsene.

Je nachdem, wie wir ihnen die Welt erklären, werden sie unterschiedliche Gefühle haben. Nehmen wir das Beispiel von Anja, die sich vor dem schwarzen Hund fürchtet. Die Mutter hat zwei Möglichkeiten ihrem Kind die Situation zu erklären. Sie könnte sagen:

Liebe Anja, dieser Hund ist angekettet, weil er besonders gefährlich ist. Wie er an seiner Kette zieht, will er sich bestimmt losreißen und dich beißen. Andere Hunde sind genauso gefährlich. Sie sind unberechenbar und schlecht erzogen. So sind Tiere nun mal so und deshalb musst du dich vor ihnen in Acht nehmen.

Die Mutter meint es bestimmt gut mit Anja und glaubt, dass sie ihr Kind dadurch vor Gefahren schützen kann. Gleichzeitig nimmt sie dem Kind die Möglichkeit, selber herauszufinden, ob wirklich alle Hunde gefährlich sind.

Dadurch, dass sie erklärt, dass alle Hunde beißen, kann das darauf hinweisen, dass sie möglicherweise selber Angst vor Hunden hat. Insofern könnte das ein Beleg dafür sein, dass wir die Angst von unseren Eltern lernen. Die Mutter könnte ihrem Kind die Geschichte aber auch ganz anders erklären. So könnte sie sagen:

Weil der Hund angekettet ist und wenig Bewegung hat, fühlt er sich eingeengt und schlecht behandelt. Das macht ihn aggressiv und unberechenbar. Deshalb würde ich diesem Hund eher aus dem Wege gehen. Die meisten Hunde sind aber friedfertig, weil sie Rudeltiere sind und den Menschen als das ranghöhere Wesen anerkennen. Du solltest aber wissen, dass jeder Hund anders ist. Es gibt gefährliche und es gibt harmlose Hunde. Vor allen Dingen musst du darauf achten, dass du einen Hund niemals erschreckst. Denn dann könnte er tatsächlich mal zubeißen.

Die erste Erklärung erreicht das Kind sozusagen auf der Angstschiene, während es bei der zweiten Erklärung auf der Realitätsschiene erreicht. Bei der ersten Erklärung bekommt es die Bewertung gleich mitgeliefert.

Bei der zweiten Erklärung kann das Kind selbst einschätzen lernen, ob es sich einem Hund nähern will oder ihm besser aus dem Wege geht. Wir können es auch so ausdrücken:

Je wertfreier wir dem Kind eine Situation beschreiben, umso leichter fällt es ihm, seine eigenen Schlüsse zu ziehen. Deshalb sollten wir gerade bei Dingen, die ein Kind ängstigen können, keine vorschnellen Bewertungen vornehmen. Hilfreicher ist es, wenn wir dem Kind verschiedene Deutungsvorschläge anbieten.

Wie Sie wissen, kommt Angst sprachlich gesehen von Enge. Wenn ein Kind sich beengt fühlt und keinen Ausweg aus einer schwierigen Lage weiß, fördert das seine Angst. Wenn es aber eine Idee hat, wie es sich aus einer misslichen Lage befreien kann, im biologischen Sinne also einen Fluchtweg sieht, hat es eine Alternative.

Ob es sich diesen Fluchtweg nur gedanklich offenlässt oder tatsächlich nutzt, ist unerheblich. Allein das Wissen darüber, dass es diesen oder jenen Weg gehen kann oder wenn es sich die Dinge selber erklären kann, trägt dazu bei, dass es weniger Angst hat.

Rituale

Lassen Sie mich zum Abschluss dieses Buches noch auf Rituale eingehen. Ich halte sie für eine schöne Möglichkeit, mit Angst umzugehen. Rituale geben Kindern das Gefühl, dass die Welt in Ordnung ist. Gerade Gute-Nacht-Rituale sind kleine Inseln der Ruhe in einer schnelllebigen Zeit. Indem sich ein bestimmter Ablauf jeden Abend wiederholt, gewinnen Kinder die Sicherheit, dass hinter den Dingen ein großes und zuverlässiges Prinzip wirkt.

In den Ritualen begegnen sich Eltern und Kinder spielerisch und handelnd zugleich, wodurch sie sich gegenseitig ihrer Beziehung vergewissern. Indem wir unter Umgehung der Sprache gemeinsame Erfahrungen machen, lernen wir voneinander mehr als durch tausend Worte.

Kinder fürchten sich oft vor Monstern, Hexen und Gespenstern. Diese stehen stellvertretend für ihre Befürchtungen und Konflikte. Darum macht es wenig Sinn, mit ihnen nach Hexen und Geistern oder Monstern zu suchen, da sie nur in der Fantasie vorkommen.

Solange wir auf Einsicht setzten, reden wir in zwei Sprachen. Erst die Rituale schaffen eine Verbindung zwischen erwachsener Vernunft und kindlichen Fantasien. In Ritualen sind viele Sinne angesprochen. Lassen Sie mich einige Merkmale von ihnen anführen:

1. Rituale vermitteln Kontinuität und Sicherheit.
2. Handeln hilft Angst zu vermindern.
3. Rituale fördern gemeinschaftliche erlebte Kreativität.
4. Im Ritual erleben sich Eltern und Kinder als ganzheitlich.
5. Im Ritual dürfen Eltern verrückt sein ohne für verrückt gehalten zu werden.

Bewahren Sie sich im Ritual einen Teil Ihrer Kindheit. Der Nachbar muss ja nicht unbedingt mitbekommen, wenn sie mit einem alten Fellmantel grunzend durch das Kinderzimmer robben. Die Freude, die Sie mit Ihrem Kind in solchen Ritualen erleben, ist reichlich Ersatz für einen verpassten Krimi oder ein kalt gewordenes Abendessen.

Wenn Sie noch etwas Geduld haben, möchte ich Ihnen zum Abschluss zwei Rituale vorstellen, die Sie beliebig variieren oder ergänzen können. Worte können letztlich nur Anregungen sein. Probieren Sie es einfach selber mal aus. Vielleicht finden Sie ja genau das Ritual, das zu Ihnen und Ihrem Kind passt.

Eine rituelle Monstervertreibung

Um die Monster im Schlafzimmer Ihres Kindes zu vertreiben, mischen Sie sich ein geheimnisvolles "Monster-Spray". Das Spray besteht aus einer Blumen-Sprühflasche, die Sie mit Wasser und einem Spritzer Parfum füllen. Auch andere „geheimnisvolle" Düfte sind geeignet. Nachdem Sie Ihrer fünfjährigen Tochter erklärt haben, dass Monster sich vor Düften fürchten, besprühen Sie unter beschwörenden Formeln die Tür Ihres Kinderzimmers mit dem Monster-Spray.

Kinder im Vorschulalter sind ausgesprochen beeinflussbar und haben ein tiefes Vertrauen zu den magischen Fähigkeiten ihrer Eltern. In vielen Fällen helfen solche harmlosen Zu-Bett-Geh-Rituale, um die Angst vor dem Einschlafen zu mildern oder manchmal sogar hartnäckige Albträume zu vertreiben.

Ein Schnuller-Abschiedsritual

Manche Kinder tun sich etwas schwer, sich von lieb gewonnenen Einschlafhilfen zu trennen. So ist der Abschied vom Schnuller manchmal ein lästiges Thema, das eine Familie schon mal an die Grenze ihrer Belastbarkeit bringen kann. Auch hier sind Rituale eine elegante Möglichkeit, das Problem zu lösen. Bei meinem Sohn konnte ich das Thema durch das folgende amüsante Ritual nahezu mühelos beenden:

Nachdem wir uns darüber einig geworden waren, dass er eigentlich keinen Schnuller mehr braucht, habe ich mit meinem zweijährigen Sohn einen rituellen Abschied von seinem Nuckel gefeiert. An einem bestimmten Abend – vielleicht war es sogar eine Vollmondnacht – versammelten sich alle Familienmitglieder an der Mülltonne und probten eine herzzerreißende Abschiedsszene.

Noch mit dem Schnuller im Mund sprach der Sohn mir Satz für Satz nach: "Lieber Schnuller, es war eine schöne Zeit mit dir. Du warst mir in vielen

Nächten ein treuer Freund. Du hast mich niemals allein gelassen. Sogar im Urlaub bist du mitgekommen. Als ich dich einmal verloren hatte, hast du mir so gefehlt. Leider musst du nun fortgehen und dir ein anderes Kind suchen. Ich wünsche dir alles, alles Gute und viel Glück."

Mit diesem Satz verschwand der Schnuller in den Tiefen einer grauen und einsamen Mülltonne. Dann wurde ihm das rote Auto mit dem Blaulicht überreicht und die graue Tonne unter beschwörenden Formeln geschlossen. Seit diesem Tag hat mein Sohn nie wieder nach einem Schnuller gefragt.

In diesem Sinne wünsche ich Ihnen und Ihren Kindern noch viele angstfreie und mutige Begegnungen.

Weiterführende Literatur

Essau, Cecilia A.: Angst bei Kindern und Jugendlichen. Reinhardt. München 2003

Friedl, Johanna: Spielerisch mit Angst umgehen. Spiele und Übungen für den positiven Umgang mit Ängsten. Ravensburger Buchverlag. Ravensburg 2003

Friedrich, Sabine / Friebel, Volker: Kindern Mut machen. Hilfe bei Schüchternheit und Ängsten. Balance Ratgeber 2011

Katz, Dan: Angst kocht auch nur mit Wasser. Wie wir durch denken in Bildern negative Verhaltensmuster durchbrechen können. MVG Verlag. München 2019

Markway, Barbara G. / Markway, Gregory P.: Kinderängste und Schüchternheit überwinden. Ein Praxisratgeber für Eltern. Beltz Verlag 2007

Omer, Haim / Eli Lebowitz: Ängstliche Kinder unterstützen. Die elterliche Ankerfunktion. Vandenhoeck & Ruprecht. Göttingen 2015

Pantley, Elizabeth: Fremdeln - Klammern - Trennungsangst. So helfen Sie Ihrem Kind liebevoll beim Loslassen. Trias Verlag 2016

Schmidt-Traub, Sigrun: Selbsthilfe bei Angst im Kindes- und Jugendalter. Ein Ratgeber für Kinder, Jugendliche, Eltern und Erzieher. Hogrefe Verlag. Göttingen u.a. 2015

Schneider, Silvia. Universität Basel (Hrsg.): Angststörungen bei Kindern und Jugendlichen. Grundlagen und Behandlung. Springer Verlag 2004

Wigand, Molly / Alley, R. W.: Hab keine Angst vor deiner Angst. Elfenhelfer - Deine Freunde helfen dir. Silberschnur Verlag 2016

Haftungsausschluss

Dieses Buches wurde mit großer Sorgfalt erstellt und geprüft. Für die Vollständigkeit, Richtigkeit und Aktualität der Inhalte kann jedoch keine Garantie oder Gewähr übernommen werden. Es repräsentiert die persönliche Meinung des Autors und darf keinesfalls zur Selbstdiagnose oder gar zu therapeutischen Zwecken verwendet werden. Die Literatur dieses Buches kann eine professionelle Beratung und Behandlung nicht ersetzen.

Insbesondere wird keinerlei juristische Verantwortung oder Haftung für entstandene Schäden übernommen, die durch fehlerhafte Interpretationen oder kontraproduktive Anwendung hervorgerufen wurden. Alle Personen und Begebenheiten sind frei erfunden. Ähnlichkeiten mit lebenden oder verstorbenen Personen sind zufällig und nicht beabsichtigt.

Printed in Poland
by Amazon Fulfillment
Poland Sp. z o.o., Wrocław

16438072R00082